SIXTO PAZ WELLS

# El Libro
# de los Guardianes
# y Vigilantes de Mundos

longseller

© Sixto Paz Wells, 1997

Reservados todos los derechos para la lengua española
ERREPAR S.A.
Av. San Juan 960 - (1147) Buenos Aires - República Argentina
Tel.: 4300-0549 - 4300-5142 - Fax: (5411) 4307-9541 - (5411) 4300-0951
Internet: www.errepar.com
E-mail: libros@errepar.com

ISBN 950-739-541-5

Queda hecho el depósito que marca la ley 11723

Impreso y hecho en Argentina
Printed in Argentina

*A la memoria de Diego, el hijo del gran actor
y mejor amigo Jorge Mayorano;
y a Marina, el ser más maravilloso
que he conocido en éste y otros mundos.*

*"Pregunté a uno de los santos ángeles, que iba conmigo y me mostraba todos los secretos, acerca de aquel Hijo del hombre, quién era, de dónde venía y por qué iba con el 'Principio de días'. Me respondió así:*

*"—Este es el Hijo del hombre, de quien era la justicia y la justicia moraba con él. El revelará todos los tesoros de lo oculto, pues el Señor de los espíritus lo ha elegido, y es aquel cuya suerte es superior a todos eternamente por su rectitud ante el Señor de los espíritus."* (Libro 1, De Henoc 46, 2-3.)

*"En aquel momento fue nombrado aquel Hijo del hombre ante el Señor de los espíritus, y su nombre ante el 'Principio de días'. Antes que se creara el sol y las constelaciones, antes de que se hicieran los astros del cielo, su nombre fue evocado ante el Señor de los espíritus. El servirá de báculo a los justos para que en él se apoyen y no caigan; él es la luz de los pueblos, y él será esperanza de los que sufren en sus corazones."* (Libro 1, De Henoc 48, 2-4.)

*"En ese día habló así Miguel a Rafael:*

*"—La fuerza del espíritu me arrebata y me enoja ante la dureza del castigo de los secretos, el juicio de los ángeles. ¿Quién puede resistir la dureza de la ejecución del castigo, ante el cual se deshacen aquéllos?*

*"Habló de nuevo Miguel a Rafael:*

*"—¿Quién hay cuyo corazón no se ablande por eso, ni se estremezcan sus riñones por esta sentencia emanada contra los que han sido así expulsados?*

*"Pero ocurrió que, cuando estuvo ante el Señor de los espíritus, dijo así Miguel a Rafael:*

*"—No estaré yo en favor de ellos ante la vista del Señor, pues el Señor de los espíritus se enojó con ellos porque obraron como si fueran el Señor. Por eso les alcanzará la sentencia oculta eternamente, pues ni ángel ni hombre recibirán su suerte, sino ellos solos habrán recibido su sentencia eternamente."* (Libro 1, De Henoc 68, 2-5.)

# Introducción

En 1974 se inició en el Perú una de las experiencias de contacto extraterrestre más importante y serias que se hayan conocido en el mundo de habla hispana: Misión Rama o el Grupo Rama. Esta experiencia fue dada a conocer a nivel mundial por el conocido y prestigioso periodista español y hoy prolífico escritor Juan José Benítez; quien cuando sólo era un corresponsal más de prensa de la agencia de noticias EFE, fue enviado al Perú a cubrir la insólita vivencia de un grupo de adolescentes que afirmábamos venir manteniendo comunicación fluida con seres de otros planetas.

Benítez, después de entrevistar a todos los involucrados, nos preguntó si es que él podría asistir en calidad de testigo imparcial y objetivo a uno de dichos avistamientos anunciados previa cita. La confirmación de su pedido no se hizo esperar, por lo que el grupo se desplazó el 7 de setiembre de 1974 hacia la localidad de Chilca, en el desierto, a unos sesenta kilómetros al sur de Lima; lugar de repetidos avistamientos y encuentros físicos con los tripulantes de las naves extraterrestres. Allí el hombre de prensa, junto con todos los demás asistentes contemplaron la aparición en el cielo, a baja altura, de dos objetos voladores luminosos. Aquellos objetos fueron considerados no identificados por Benítez, quien de regreso a España, tuvo el valor de declarar públicamente a través de diversos medios de comunicación, entre ellos la televisión española, que él lo había visto y le constaba que el contacto era real. Fue entonces cuando a partir de semejante constatación, aquel grupo de jóvenes hicieron muy popular una técnica de comunicación conocida como la psicografía, que es la escritura automática o telepatía instrumentalizada, mediante la cual, el receptor o antena recibe del emisor —en este caso un extraterrestre—, una fuerte onda mental o mensaje telepático; y es nuestro propio cerebro el que automáticamente decodifica e interpreta el mensaje, de tal manera que uno percibe como si le estuviesen hablando al oído y en su propio idioma; pero es en la mente donde está ocurriendo todo. Durante la recepción puede darse el caso de que uno se sienta invadido de la necesidad compulsiva de transcribir lo que va recibiendo, de allí el nombre de psicografía.

La historia de cómo empezó todo el contacto demuestra que detrás hubo hilos invisibles moviéndolo todo, así como señales contundentes de una fuerza que nos dirigía, creando la ambientación adecuada y motivándonos a predisponer en nosotros las condiciones de recepción.

Empezando por mi padre, José Carlos Paz García, uno a uno fuimos siendo colocados en la línea de este movimiento que arrastraría masas. El, astrónomo aficionado, se interesó por el tema de la vida en el espacio, a raíz de que en los años 50 fueron llegando al Perú las primeras noticias de oleadas de observaciones de los llamados ovnis sobre el territorio de diversas naciones, y hasta sobre las grandes capitales de los países más poderosos de la Tierra, como fue la observación de una nutrida formación de dichos objetos que llegaron a sobrevolar Washington en 1952, y se detuvieron por unos instantes —cual si fuese una película de invasores espaciales—, sobre el mismísimo Capitolio, ante el asombro de los testigos y el ridículo que significó para los militares norteamericanos que tuvieron que informar de su perplejidad e ignorancia frente al asunto, debido a que aseguraron de que no era ningún ensayo o experimento de la fuerza aérea, ni nada conocido. Casos como éste se multiplicaron por el mundo, motivando a que la prensa y el público en general presionaran al gobierno de los Estados Unidos para que investigara de cara a la opinión pública, y de una forma oficial, el fenómeno ovni. Así surgió en 1952 el proyecto conocido como "Libro Azul".

En 1955 mi padre conformó junto con un grupo de amigos, miembros —muchos de ellos— de la fuerza aérea del Perú, un instituto de investigación de los ovnis que rápidamente se conectó con las más importantes agrupaciones en el mundo dedicadas a dicho estudio. En ese ambiente familiar, mis hermanos y yo nacimos, crecimos y nos formamos. El nos enseñó desde pequeños a pensar, no a creer que en un universo tan densamente poblado de estrellas, lo raro no podía ser de que existiese vida fuera de la Tierra, lo raro sería de que no la hubiese... Así, enseñados a enfrentar las cosas con sentido común y como libres pensadores, fuimos desarrollándonos normalmente, viviendo las etapas de la vida, pero siempre inquietos por lo que hubiese más allá.

En 1973 José Carlos fue invitado a dar una conferencia sobre los ovnis en una agrupación yoga. En aquella ocasión lo acompañamos con mis hermanos Rosie y Charlie, y el encuentro con este grupo produjo un fuerte impacto en mí. Tenía diecisiete años en aquel entonces, y me impresionó positivamente el que hubiese un grupo de personas dedicadas a temas espirituales, sin hacer de ello una religión. Venía yo de una formación eminentemente católica, pues había estudiado once años con los Hermanos Maristas, y aquello me parecía tan novedoso y diferente a todo lo que había escuchado antes, que me entusiasmé y quedé enganchado con el tema de la Hatha Yoga y Mantram Yoga Meditación, asumiéndola entonces como práctica diaria en mi vida; también me hice vegetariano y compartí dichas inquietudes con Marina, mi novia o enamorada, uniéndonos con ello cada vez más hasta tornarnos mejores amigos e inseparables compañeros.

También mi madre —a la que llamamos cariñosamente "Mochi"—, y Rosie fueron involucradas en el entusiasmo despertado por la yoga y la meditación, reuniéndonos continuamente para practicar en la sala de la casa.

El detonante del contacto fue que en la primera quincena del mes de enero de 1974, salió en los periódicos de Lima una información que decía que en los Estados Unidos se habían desarrollado en la década de los 60, una serie de proyectos de investigación del fenómeno ovni, entre ellos el conocido "Proyecto Ozma". Una versión antigua de lo que hoy conocemos como el "Proyecto Seti", que es la búsqueda de señales de vida inteligente en el espacio a través de ondas de radio. En aquellos años se había descubierto a través de viajes espaciales y mediante los radiotelescopios, que en el espacio no había un silencio sepulcral como muchos creían, sino que por el contrario había mucho ruido; mucha bulla procedente de cada planeta y de cada estrella. Y estos sonidos podrían ser mensajes enviados de otros mundos; de civilizaciones tan o más avanzadas que la nuestra, que podrían estar buscando conectarse con sus similares en el universo. Por ello, el gobierno norteamericano había creado una comisión de investigadores compuesta por un grupo de científicos expertos en claves y en sonidos que trabajaban para las fuerzas armadas o para la FBI y la CIA, a fin de que procurasen con el uso de las computadoras, decodificar e interpretar dichas señales. Este grupo estaría apoyado por otro, compuesto por psíquicos, esto es: personas que han nacido con ciertas facultades de la percepción extrasensorial más desarrolladas que el común de la gente, y que son reclutadas por los gobiernos de las grandes naciones, para utilizarlos apoyando a las fuerzas policiales en resolver casos delictivos que no pueden solucionarse por la vía normal, o también para intervenir en misiones de espionaje. Mientras unos recibían las señales y buscaban traducirlas, el otro grupo se concentraba para enviar al cosmos una onda mental telepática lo suficientemente fuerte, como para que de existir civilizaciones desarrolladas en el espacio, que no sólo hubiesen avanzado en tecnología, sino también en su poder mental, supiesen ellos que aquí en la Tierra ya hay quienes se consideran con capacidad de mantener un contacto inteligente. Esta noticia motivó a mi padre a organizar una conferencia en el seno de su instituto, para lo cual invitó a un médico del Hospital de Policía de Lima y miembro de la Sociedad Teosófica, el doctor Víctor Yáñez Aguirre, quien disertó magistralmente sobre la telepatía, y la posibilidad de la existencia y posterior visita de seres extraterrestres mucho más avanzados que nosotros, cuyo único mérito hubiese sido haber empezado antes, y que podrían por ello tener ampliamente desarrolladas sus facultades psíquicas; de tal manera, que de estar llegando a la Tierra, podrían no sólo visitarnos con sus naves, sino que podrían estar intentando una conexión mental telepática o buscándola a un nivel astral, en sueños; debido a que según él, los sueños son experiencias reales en otra dimensión.

No puedo negar que la conferencia me maravilló, y quedé muy entusiasmado con el tema y tan motivado que cuando llegué a casa les conté a Mochi y a Rosie de los alcances y posibilidades que habían sido planteadas aquella noche, y les pedí que me acompañaran en un intento de recepción telepática. Nunca pensé que pudiéramos tener un resultado positivo, pero bien valía la pena intentarlo; y para ello se me ocurrió que podíamos emplear lo aprendido en la yoga, como son las técnicas de: respiración, relajación, concentración y meditación, que nos predispondrían en un estado de receptividad y silencio interior; como para captar cualquier pensamiento que no fuese nuestro. Nos sentamos para ello cómodamente en torno a una mesa; colocamos unas hojas de papel y un lápiz sobre ella, acordando que al primero que le viniese una idea que considerara que no fuese suya, la anotaría; y así, al final uniríamos las ideas sueltas procurando interpretar algún posible mensaje.

Cerramos los ojos y nos pusimos a tomar respiraciones lentas y profundas para realizar una meditación muy especial, pues aquella ocasión concentraba grandes expectativas. Habían pasado unos quince minutos de una muy buena relajación, cuando de pronto sentí un deseo irrefrenable de escribir, y algo se conmovió fuertemente en mí... Se produjo una ansiedad tal, que tuve que abrir los ojos y tomando con la mano el lápiz, la relajé hasta que comencé a garabatear en las hojas de papel de una forma descontrolada, por lo cual me sorprendí y más bien detuve mi mano, ya que sentí algo de temor y todo ello me había puesto muy tenso. Al cabo de un rato que nuevamente me relajé, se repitieron los trazos sobre el papel; pero esta vez ya no eran meras líneas o rayas en distintas direcciones, sino que empecé a escribir a gran velocidad lo que vertiginosamente me iba llegando a la mente. Cuando terminé, aún me temblaba la mano y el brazo, y por largo rato continuaría estremecido por la corriente eléctrica que había sentido que descendía por mi espalda.

Una fuerte presión en la cabeza parecía querer convencerme de la realidad de la recepción, pero mi mente se resistía... ¡No lo podía creer! Tenía delante de mí un supuesto mensaje telepático, una aparente comunicación venida de otro planeta ¡Aquello era una locura!... Al leer el escrito éste decía: "Sala de hogar buena para hacer la comunicación. Me llamo Oxalc, soy de Morlen, ustedes la llaman Ganímides, una de las lunas de Júpiter. Podemos tener contacto, pronto nos verán".

De inmediato pensé que me había "rayado"; que estaba alucinando e inventándome cuentos producto de una desbordante fantasía e imaginación. Inmediatamente mi madre y mi hermana abrieron los ojos, y muy contentas vieron el mensaje, comentándome con alegría, que ellas también habían captado parte de la recepción por lo que sentían que ello era verdadero y no producto de nuestra mente.

Quizá por una cuestión de responsabilidad o de humildad —realmente no lo sé—, no podía compartir su entusiasmo. De inmediato descarté toda posibilidad de que aquello fuese cierto, porque como les decía a ellas: no podía ser tan fácil que se obtuviese un contacto con mentes superiores siendo nosotros gente común y corriente; si fuera así, cualquiera podría llegar a alcanzarlo. Les reiteré allí mismo que para mí, no era otra cosa que un juego de nuestra imaginación, consecuencia probable del ambiente familiar, de la conferencia y de nuestro excesivo entusiasmo. Por lo que muy molesto con la situación, me paré y me dirigí hacia mi dormitorio, deseoso de olvidar lo ocurrido. La actitud de mi hermana Rosie fue todo lo contrario. Ella supremamente satisfecha por lo acontecido —y sin que yo lo supiese—, tomó el teléfono y comenzó a llamar a los amigos, empezando por Marinita, narrándole lo que había pasado en aquella meditación. A todos les contaba:

—"¡No se imaginan lo que ha ocurrido esta noche!... ¡Sixto se ha comunicado con un extraterrestre! Vengan mañana, vamos a hacer una reunión en casa."

Aquella noche del 22 de enero de 1974 se había iniciado como jugando, ingenuamente y sin que nosotros nos percatáramos, una maravillosa aventura, que involucraría a cientos de miles de personas a nivel mundial, despertando conciencias y cambiando nuestras existencias de una manera muy positiva. Aventura de contacto, que hasta ahora no conoce final.

Al día siguiente de la primera recepción, llegaron a la casa cerca de veinte personas entusiasmadas en participar en la improvisada reunión. Cuando me encontré con todos ellos, no podía creer que ya todos se hubiesen enterado del experimento de la noche anterior y de su posterior resultado. Es más, todos los allí congregados me insistían como para que lo repitiéramos. Yo no quería hacerlo porque no deseaba engañarme a mí mismo ni confundir a nadie con cosas que pensaba, debían ser fruto de mi imaginación. Pero tanta fue la insistencia, que para salir de dudas acepté intentarlo nuevamente, para lo cual todos hicimos la meditación aquella segunda noche, y cuanta no sería mi sorpresa cuando al cabo de un rato y a pesar de mi escepticismo, nuevamente sentí el impulso de escribir, por lo que abrí mis ojos y relajando mi mano recibí el siguiente mensaje: "Sí, Oxalc, soy de Morlen. Pueden hacer todas las preguntas que deseen".

Aquella noche se hicieron toda clase de preguntas y a todas vinieron respuestas coherentes y exactas, lo cual produjo una gran emoción generalizada que llevó a que mi hermano Charlie se incorporara y me dijera:

—"Sixto, si realmente es un extraterrestre, que te diga dónde podemos ir a verlo, dónde podemos ver su nave y constatar el contacto."

El mensaje concluyó diciendo:

—"Vayan el 7 de febrero (era el año 1974) a sesenta kilómetros al sur de Lima, a un lugar en el desierto que se llama Chilca. Allí a las 9 p.m. nos verán."

Todo el grupo se preparó entonces para la salida de campo, y fuimos al lugar de la cita un día antes; para observar desde la noche anterior el cielo despejado del desierto, no fuese a suceder que el día de la supuesta convocatoria nos confundiéramos con satélites, meteoritos, refracción de luz, basura espacial o nubes caprichosas. Teníamos que estar completamente seguros que de observar algo, ese algo fuera realmente un objeto volador no identificado.

Cuando llegó el día indicado de la cita, el ambiente estaba muy alterado. Había nerviosismo y en algunos de nosotros una total incredulidad. Sin embargo, a la hora exacta detrás de los cerros se produjo un extraño resplandor. Por escasos segundos se iluminó la noche como si fuese de día. Fue entonces cuando apareció una potente luz que empezó a desplazarse por encima de los cerros hacia la derecha de nuestro punto de observación. La luz se detuvo y el grupo que estaba disperso comenzó a concentrarse, comentando entre todos los que estábamos mirando sin dar crédito a nuestros ojos. Fue en ese instante que alguien gritó:

—¡Se está moviendo!...

Y efectivamente la luz que fue bajando de intensidad, dejó entrever un objeto lenticular metálico, como con una media docena de aparentes ventanitas, que fue avanzando y descendiendo hasta colocarse a unos ochenta metros por encima de nosotros, envolviéndonos en una luminosidad y un calor intensísimos. ¡Era un verdadero techo de luces naranjas, azules y amarillas, lo que teníamos encima de nosotros! En ese momento sentimos ¡pánico!, ¡terror!... Nunca antes habíamos sentido tanto miedo... Algunos de mis compañeros, ingenuamente tratando de esconderse detrás de mí me decían: —¡Sixto, diles que se vayan, tú te comunicas con ellos!...

Y yo recuerdo que les contesté algo así como:

—¡Pero si yo no sé cómo funciona esto!... Lo último que hubiese pensado es que fuera real.

De inmediato todos captamos en nuestra mente como si nos hablaran al oído que nos decían, que no bajaban porque no podíamos controlar nuestras emociones. Que habría un tiempo y un lugar para ello. La nave que vimos las veinte personas allí reunidas nos rompió todos los esquemas... ¡Era real! Y estaban allí para demostrarnos que sí existen; que el contacto es posible; y que por diversas razones están llegando a la Tierra, entre ellas, intentar un diálogo con la humanidad.

El avistamiento duró poco, pero lo suficiente como para conmovernos hasta lo más profundo. Y también todos vimos cómo el objeto vertiginosamente se marchó, desapareciendo en la oscuridad del firmamento, dejándonos a todos sumidos en el silencio. Pero ese silencio duró poco, hasta que alguno no pudiendo contenerse desahogó un grito de alegría, por lo que la reacción fue general terminando abrazándonos entre todos, felicitándonos mutuamente por el éxito y por lo contundente de la experiencia vivida aquella noche.

De regreso en la casa muy emocionados, le contamos a mi padre los pormenores de la aventura, y como era de esperarse, no nos creyó. Hasta llegó a pensar que nos estábamos burlando de él. Fue entonces cuando intentamos una nueva comunicación y en ella consultamos la posibilidad de que nuestro progenitor asistiera a un avistamiento anunciado, para que así se convenciera. Esta vez los que no estaban convencidos eran los extraterrestres, que nos pidieron que no tratáramos de forzar las cosas, pero aun así, ante nuestra insistencia ellos accedieron y papá se vio obligado por nuestras reiteradas súplicas, a acompañarnos. Naturalmente él no fue solo. Invitó a la gente que lo rodeaba de su instituto a que vinieran con él a Chilca. En este nuevo avistamiento, decenas de personas ajenas a nuestro grupo de amigos, contemplaron la aparición en el horizonte, sobre los cerros, de un objeto cilíndrico de unos ciento cincuenta metros de largo ligeramente inclinado de un lado; y también dos pequeñas esferas luminosas en los extremos del cilindro que se desprendieron y se dirigieron bajando en picada sobre las cabezas del colectivo reunido allí, produciendo pánico y desorden, hasta que se elevaron y se alejaron a gran velocidad. Al cabo de un rato, el objeto alargado empezó a moverse, nivelándose y poniéndose de punta, avanzando luego; pero despacio. Cruzando todo el valle por encima de todos nosotros a gran altura, hasta alejarse definitivamente.

Al cabo de un mes ya éramos ocho personas, entre mujeres y hombres, que veníamos manteniendo contactos psicográficos con los extraterrestres, quienes también eran de sexo masculino y femenino, y de distintas procedencias, actuando todos ellos de forma conjunta en nuestro planeta. Así los nombres de estos visitantes en contacto con el grupo se fueron multiplicando, como por ejemplo: Oxalc, Oxmalc, Olea, Oletano, Xanxa, Godar, Kulba, Sampiac, Meth, Reges, Sum, Oesceve, Antar, Anrar, Asthar, Rumilac, Titinac, etcétera.

Por lo menos una vez al mes salíamos al campo para contactos o encuentros cercanos con sendos avistamientos, los que nos confirmaban que el contacto continuaba y era verificable. Así, una y otra vez las naves hacían su aparición en el cielo, al sur de Lima, lanzando en ocasiones unos extraños fogonazos sobre las colinas, formándose al pie de éstas unos extraños círculos de un color azul eléctrico. En esos momentos captábamos mentalmente que se nos recomendaba que nos introdujéramos en dichas concentraciones energéticas, y que hiciéramos allí aquellas prácticas que habíamos incorporado de la yoga, como eran las respiraciones, relajaciones, concentraciones y meditaciones. Una y otra vez hacíamos lo mismo, y cuando regresábamos a casa aparecían sobre la piel de nuestro rostro, cuello, brazos y manos como quemaduras de sol; como si de pronto hubiésemos estado expuestos al calor de un mediodía soleado. Algo imposible por cuanto las salidas solían hacerse por la tarde o por la noche debido a los estudios en la universidad.

Para el mes de junio del 74, el grupo había crecido tanto que bordeaba el medio centenar, entre parientes, amigos y conocidos que se habían venido relacionando con el tema, deseosos todos de participar en esta extraordinaria experiencia, e increíblemente accesible a la gran mayoría. De pronto, un mensaje marcó un cambio en el proceso. Se nos decía que a partir de la próxima salida debíamos asistir en grupos no mayores de siete personas, procurando un nivel de afinidad y sintonía, como preparación con miras al contacto físico. Ciertamente nos habíamos acostumbrado a ir todos juntos a los encuentros, y a más de uno le pareció mal que se pusieran ciertas restricciones; pero al final se impuso la humildad y la disciplina, que nos llevaba a aceptar lo que no comprendemos cuando nuestro sentir confirma que es para el beneficio colectivo.

Los nombres del primer grupo de siete personas fueron recepcionados por comunicación, así como los detalles de aquella nueva cita para contacto, para lo cual nos preparamos, y llegado el día nos trasladamos una vez más al desierto de Chilca, dejando el vehículo estacionado en el pueblo cercano de Papa León XIII. Desde allí, teníamos que ir caminando por entre los cerros hasta un lugar que conocíamos como "La Mina", una cantera de grava abandonada, distante unos quince minutos de la pequeña población. Ni bien empezamos a caminar, se produjo un fenómeno extrañísimo. Empezaba a oscurecer y veníamos todos juntos conversando, cuando de pronto al hacerle una pregunta al compañero que iba a mi lado, éste no me respondió y entonces me di cuenta de que estaba solo; y lo que más me sorprendió, fue comprobar que ya estaba en la cantera, unos dos kilómetros por delante del grupo. Como no podía explicarme qué hacía yo allí parado, producto al parecer de un extraño caso de "teletransportación", lo primero que se me ocurrió fue comenzar a correr por donde nosotros solíamos venir, buscando a los demás y procurando encontrar una explicación a lo que me había pasado. Me fui alejando rápidamente del lugar, cuando divisé detrás de una colina cercana un resplandor, por lo que pensé de inmediato que podían ser los compañeros que con sus linternas estaban iluminando esa parte del desierto, donde como sabemos no hay nada ni nadie. Más tranquilo me dirigí en esa dirección, cuando al rodear el cerro me encontré a unos cien metros de una medialuna luminosa de unos diez metros de diámetro, que se encontraba posada en el suelo. Me pegué un susto tremendo de pensar que los extraterrestres ya habían bajado y que me encontraba completamente solo, así que no lo pensé mucho, y me di la vuelta alejándome a gran velocidad. Ya me había olvidado de cómo era que había llegado hasta ese lugar, el asunto prioritario ahora era buscar a los demás y que vieran lo que yo estaba contemplando.

Mientras corría, una desagradable sensación me iba embargando. Era como si tuviese unos ojos sobre mis espaldas observándome fijamente. Me detuve entonces, y al girar sobre mis talones, observé que del interior de la medialuna salía la silueta de una persona levantando un brazo, y fue entonces cuando capté en mi mente como que me llamaban invitándome a acercarme, repitiéndose esta invitación hasta por tres oportunidades, las cuales rechacé debido a que el temor que sentía me había inmovilizado en el lugar.

El que el ser se diera la vuelta y se introdujera dentro de la luz, precipitó que venciera mi temor y me decidiera a acercarme, temiendo más perder la experiencia. Muy cerca de la medialuna luminosa, algo me hizo levantar la vista al cielo, y pude contemplar a unos quinientos metros sobre el lugar, un objeto discoidal con luces blancas alrededor de su base o panza. Entonces pensé que podían ser dos naves, una encima de mí y otra la que tenía por delante. A continuación me fui acercando a la luz hasta que la atravesé, y sentí de inmediato sensaciones de mareos, náuseas, falta de peso y como que mi cuerpo se quemaba. Fue todo ello bastante desagradable pero felizmente duró muy poco. La luz era tan intensa que no podía mirar hacia adelante, pero cuando ya pude ver, apareció en frente de mí un ser de apariencia humana de un metro ochenta de altura, con un rostro ancho, pómulos pronunciados y ojos marcadamente oblicuos que daban la impresión de alguien oriental. Se veía que era un ser corpulento de sexo masculino, vestido con un traje brillante como un buzo deportivo. Pero lo que sí me impresionaron fueron sus ojos, que eran los mismos que venían a mi mente cada vez que recibía los mensajes, como si fuese ello una especie de patrón de sintonía, anticipando cada recepción. Este ser se presentó como Oxalc, el mismo que se comunicó con nosotros desde el principio y manteniendo una comunicación mental me explicó que me encontraba dentro de un "Xendra", que es una puerta dimensional, un umbral en el espacio-tiempo; y que a través de dicha puerta lo acompañaría a Morlen, la luna Ganímedes, a seiscientos millones de kilómetros de distancia de la Tierra y que gira alrededor del planeta gigante Júpiter. El guía extraterrestre me precisó que el tiempo que pasaría allí no correspondería con el que habría de transcurrir aquí. Me pidió que lo siguiera, y a los pocos pasos a través de la luz, salimos a un lugar que no era el desierto al sur de Lima; al fondo y al pie de unos cerros se veían gran cantidad de cúpulas, construcciones a manera de domos de todo tamaño, todas ellas redondeadas y carentes de ángulos. Según Oxalc, ellos evitan los ángulos porque estos atraen y atrapan la tensión y la negatividad de las personas.

Fuimos caminando por entre las construcciones rodeadas de pequeños pero vistosos jardines, observando a un lado y otro, personas de ambos sexos y algunos niños que iban y venían solos o en pequeños grupos. Según me explicó Oxalc, en su civilización hay división de sexos como en la Tierra, siendo su relación de pareja monogámica, y manteniendo la relación sexual sólo para la procreación. Como consecuencia de dicha mística y filosofía de vida, así como por el desarrollo de sus facultades psíquicas, entre las que se encuentran la telepatía y la clarividencia, no se dan divorcios ni infidelidad; es más, tampoco existen en su sociedad elecciones democráticas por cuanto logran detectar en el aura de las personas —que es el cuerpo bioplasmático o cinturón electromagnético del ser—, el mayor o menor adelanto y desarrollo interno del individuo, y así saben quién es la persona o personas llamadas a dirigir y orientar su comunidad.

Oxalc me mostró unos grandes edificios a manera de invernaderos donde ellos reproducen sus alimentos, pero como no tienen tierra vegetal propia son como grandes cultivos hidropónicos. Allí podía observar una multitud impresionante de cultivos y plantas diversas, algunas conocidas, sobre todo cereales, situadas gran parte de ellas en alto como colgadas, dándoles a éstas los nutrientes que necesitan.

El guía me llevó en aquella ocasión hacia una construcción en forma de cono truncado de paredes anchas y de un color claro, y en el interior pude observar unas grandes pantallas, pero no se las veía sólidas, sino que sutilmente suspendidas en el aire por delante de la pared, como si fuesen de gas. Allí, poco a poco se fueron proyectando imágenes de lo que según Oxalc podría llegar a ser el futuro planetario terrestre. Esta captación podían lograrla gracias a su elevada tecnología y a la capacidad psíquica de anticiparse a los acontecimientos, que no es otra cosa que la premonición o precognición.

Según los extraterrestres, como el futuro es ley de causa-efecto, éste se proyecta delante de nosotros como la consecuencia de nuestros actos pasados y presentes, por ello las profecías son una advertencia y a la vez una oportunidad frente a lo que podría llegar a ocurrir si no hacemos nada para evitarlo o corregirlo. Desde esta perspectiva, el futuro se puede modificar; pero para ello hay que creerlo, porque creerlo es crearlo.

Para cambiar el futuro hay que generar nuevas causas que traigan consigo nuevos efectos que desplacen a los anteriores, y cualquier modificación por mínima que sea, traerá consigo un futuro diferente. Porque si el futuro como la vida misma no pudiese ser modificado, ¿dónde estaría lo más sagrado que el hombre ha recibido del Creador, que es su libre albedrío? Por ello hay que trabajar comprometidamente en revertir las profecías negativas, y hacer que sólo se cumplan las positivas. Lo que pude contemplar en aquella especie de televisores fue que la tensión mundial se iba a incrementar aún más debido a las guerras internacionales y civiles, produciéndose tal estado mental alterado y negativo en el colectivo de la humanidad, que todo ello podría atraer como un imán una catástrofe natural de grandes proporciones. Y siendo el universo dinámico, estarían acercándose peligrosamente a nuestro mundo algunos asteroides y cometas, que podrían chocar contra nuestro mundo o pasar tan cerca de él, que lo afectarían gravitatoriamente, incrementando la actividad sísmica y volcánica.

Lo que vi fue terrible, pero en todo momento Oxalc me aclaró que aquellas imágenes eran posibilidades que debían ser revertidas, concientizando a la humanidad de la necesidad de crear un estado mental colectivo positivo.

Cuando volví de Morlen a través de la luz del Xendra, para mí habían transcurrido varios días aunque no tenía forma de verificar aquello, porque en aquella remota luna del planeta Júpiter no hay contraste de día y noche; pero cuando salí, aparecí nuevamente en el desierto de Chilca, aún era de noche y estaban recién llegando al lugar mis compañeros.

Confrontando los relojes habían pasado escasos quince minutos desde que me ausentara. Al preguntarme ellos qué era esa intensa luz detrás de mí y dónde había estado todo ese tiempo, preferí no darles mayores detalles, porque ni yo mismo me creía lo que había vivido. A las dos semanas se repitió la experiencia, y esa vez entramos las siete personas a un nuevo Xendra teniendo todos maravillosas vivencias. En los siguientes días y semanas muchas otras personas lo experimentaron de forma individual y colectiva, reproduciéndose una y otra vez las condiciones para los traspasos dimensionales a lo largo de estos años.

Al mes del primer Xendra tuvimos un nuevo contacto, en el que vimos aparecer y descender entre los cerros al sur de la capital, una hermosa nave extraterrestre; acercándonos de inmediato cuatro personas hasta el aparato posado en tierra. Era un disco con patas de aterrizaje a manera de un módulo de comando, como los utilizados por los astronautas en la Luna. La estructura se veía metálica, bruñida y aparentemente sin ningún tipo de remaches; y hasta ligeramente traslúcida, debido a que se observaban como unas sombras en el interior. De la panza del objeto salía una luz proyectada hacia abajo y una especie de rampa, de la cual vimos descender un ser de unos dos metros y medio de altura, vestido con un traje plateado y con una especie de pectoral negro en el pecho. Su apariencia era la de un hombre blanco muy grande y delgado, con pelo corto de un color cano o gris platinado, como un nórdico (del norte europeo). Este ser nos hizo señas como para que no nos acercáramos más, mientras captábamos en nuestras mentes que nos hablaba diciéndonos que la experiencia de contacto es inducida por ellos, esto es, que son los extraterrestres lo que se comunican con nosotros y no nosotros con ellos; y así como con nosotros, la comunicación es con mucha gente a nivel mundial. Según estos seres, ellos seleccionan a la gente con la que desean conectarse, buscando en estas personas, vocación de servicio y el valor necesario como para compartir el mensaje y la experiencia con otros. Nos dijo también, que la experiencia de contacto iba a tener cuatro fases operativas y activas, a las que les seguirían tres fases más de realización de objetivos. Las primeras cuatro fases serían:

1) *El Llamado:* Consistiría en inquietar a las personas a participar de la comunicación y el contacto, para abrir sus mentes a un conocimiento directo y actualizado.
2) *Las Experiencias:* Demostrarían que el contacto es real y comprobable.
3) *La Información:* La recepción de información justificaría el esfuerzo del contacto, y confirmaría la importancia de éste.
4) *La Práctica:* Es más que necesaria la concreción práctica del mensaje y de las enseñanzas recibidas, para comprobar así su utilidad en nuestra vida cotidiana.

Estas cuatro fases serían operativas por cuanto el cumplimiento de cada una de ellas traería consigo la apertura de la siguiente; y a la vez, serían fases activas por cuanto estas podrían ser recorridas por muchas otras personas que llegando después, vivirían las mismas etapas.

Las siguientes tres fases llamadas de realización de objetivos, vendrían a continuación de una primera época de gran difusión y expansión de grupos de trabajos, como consecuencia de un proceso de autoselección, quedando para cumplirlas aquellos comprometidos más allá de las etiquetas y organizaciones. Y es que el verdadero compromiso es con el cambio interno y los procesos planetarios que exigen la formación del nuevo grupo de servidores del planeta y de la humanidad. Para esto, los objetivos del contacto serían:

1) La formación de grupos de afinidad y sintonía, trabajando su propio desarrollo interno, individual y colectivo, con miras a elevar la vibración planetaria. En este objetivo debemos considerar a la propia familia como el laboratorio natural de experimentación del

amor, e ineludible primer paso hacia nuestro autodescubrimiento, donde nuestra experiencia de crecimiento interactúa con la de los demás en una común-unidad mental. Y es en el primer grupo familiar donde por primera vez y de forma real uno aprende a tolerar, comprender, respetar y perdonar, o sea a amar.

Si practicamos el diálogo y la unidad en la diversidad de caracteres en casa, procurando todo lo que nos une y no lo que nos separa, podremos como segundo paso extender este proyecto a los amigos y conocidos quienes rodean nuestro núcleo íntimo; y en la medida de que esta vivencia se extienda, podremos globalizarla, sembrando esperanza en el planeta, lo cual será el tercer y definitivo paso en nuestro crecimiento.

2) Hacer énfasis en lo espiritual. Este es uno de los objetivos básicos, pues la humanidad se encuentra en la actualidad en una crisis de valores, carente de fe y esperanza en sí misma por el desaliento y la decepción frente a los líderes e instituciones. Ahora más que nunca se necesita enfatizar lo espiritual y corregir el divorcio existente entre la ciencia-tecnología y la espiritualidad-humanismo. Y es que la verdadera espiritualidad es una actitud frente a la vida, es la búsqueda de lo trascendente en todas nuestras relaciones, aquello que no sólo nos pueda acercar a Dios en nuestro interior sino a esa esencia divina que hay en todo y en todos.

3) Preparar a la humanidad frente a una posible catástrofe. Pero no precisamente advertir de un cataclismo material, puesto que vivimos en un planeta inestable y los desastres naturales son una característica propia; sino más bien, un catastro-de fe generado por una serie de acontecimientos que provocarán una situación irreversible de cambio que vendrá acompañada de un gran desembalse de información por parte de los go-

biernos y las religiones. Información y conocimientos que han estado ocultos debido a intereses creados. Y esta liberación producirá una crisis cultural, científica, política y religiosa sin precedentes, que generará modificaciones radicales en el panorama mundial, y muchos no lo soportarán.

4) Llegar a tener contacto con la Hermandad Blanca de los Retiros Interiores del planeta. Esta conexión es muy importante por cuanto la Hermandad Blanca —compuesta originalmente por seres extraterrestres y luego por sobrevivientes de la Lemuria y la Atlántida—, mantiene a lo largo del mundo, una red de túneles y galerías donde guarda los archivos de la real historia planetaria, con miras a hacerla accesible a los sinceros buscadores de la verdad en el momento que la humanidad alcance su madurez.

5) Recibir el Libro de los de las Vestiduras Blancas o registro Askáshico planetario. Esto significa acceder a los archivos del Plan Cósmico con respecto al papel y la misión que tiene la Tierra y también llegar a conocer la historia de nuestro propio proceso, para comprenderlo y asumirlo consciente y responsablemente.

En aquella salida el guía extraterrestre —que se identificó como un ser de Apu, un planeta de la constelación de Centauro, en la estrella Próxima de Centauro—, nos dijo que alternáramos el lugar de las salidas con Marcahuasi, una meseta en los Andes a más de cuatro mil metros sobre el nivel del mar por cuanto aquel sitio estaba cerca de unas cavernas donde se ha guardado parte del conocimiento humano desarrollado en antiguas civilizaciones muy avanzadas. Allí volvimos a tener encuentros directos, en donde los guías nos dijeron que ellos abrirían los medios de comunicación para que el mensaje de nuestra experiencia de contacto llegase a todos aquellos que habían sido preparados de antes. Nosotros no sabíamos a qué se referían con aquello de: "...preparados de antes"...; ni cómo llegaría a cumplirse lo de la conexión con los medios de prensa, pero humildemente lo dejamos a la espera de que todo se diera tal cual. Y así fue como en esos días llegó a Lima el periodista español Juan José Benítez, para entrevistarnos sobre nuestros supuestos contactos. Como ya mencionamos antes, Benítez es en la actualidad un famoso y prolífico escritor de importantes best-sellers como son: la serie de *Caballo de Troya, Los Astronautas de Yahvé, El Testamento de San Juan*, etc. En aquel entonces era tan sólo un corresponsal más de prensa de la agencia EFE de noticias de España, enviado al Perú a raíz de un cable surgido de una entrevista que le hicieron a mi padre durante los días que estábamos en las montañas, y en la cual él se permitió hablar de nuestras experiencias, generando nuestro contacto una gran expectativa internacional.

Benítez, con su reconocida agudeza nos aclaró que si como decían nuestros mensajes, estos seres deseaban darse a conocer y demostrar que el contacto era real, la única forma seria, sería la presencia de periodistas en un encuentro anunciado previa cita. Porque las fotografías pueden ser fácilmente trucadas y, los testigos, aunque haya muchos no es garantía alguna por cuanto no suelen ser testigos imparciales y objetivos. Fue entonces cuando mi hermano Charlie recibió esa importante comunicación psicográfica en la que se lo invitaba a Benítez a un contacto programado, el mismo que ocurriría el día 7 de setiembre de 1974.

El que fuese mi hermano el que recibiese aquella trascendental comunicación nos recuerda que el contacto es una experiencia compartida, colectiva y de grupo; y que si estos seres hubiesen querido que una sola persona recibiese comunicación, lo habrían dicho desde un inicio. Pero ellos saben que los seres humanos tenemos el ego a flor de piel, y que cuando todo gira en torno a una sola persona, muy rápidamente perdemos el sentido de la proporción y el punto de equilibrio, creyéndonos luego únicos e indispensables; y hasta pensando que el contactado es más importante que el contacto, o mejor dicho: que el mensajero está antes que el mensaje lo cual es un error garrafal. Esto obviamente lleva a la pérdida inmediata de la conexión cósmica si es que alguna vez realmente la hubo, llevando a quienes no lo saben corregir a tiempo, a los más disparatados desatinos y delirios.

El contacto se dio tal cual se había anunciado, apareciendo en el cielo de Chilca dos objetos luminosos haciendo evoluciones uno en torno del otro. Y tal fue la impresión que se llevó con ello Juan José Benítez, que de regreso a España no sólo lo publicó en todos los diarios y revistas —dando su valiente testimonio—, sino que testificó directamente a través de la televisión española. Al poco tiempo este audaz hombre de prensa, publicó su primer libro: *Ovnis: S.O.S. a la Humanidad*; siendo de inmediato un éxito de librería, y desatando una espectacular moda contactista, que también produjo sus inconvenientes. Al año siguiente, Benítez regresó a Lima con Miguel Mujica, otro periodista de la Agencia EFE y asistieron a un nuevo encuentro programado, pero esta vez en una playa al norte de Lima llamada Ventanilla, repitiéndose los avistamientos. De esta nueva observación surgió el libro: *Cien mil kilómetros tras los ovnis*.

A partir de la difusión que hizo Benítez de la experiencia de Perú, el mensaje del contacto se difundió por más de treinta y cinco países, multiplicándose también las comunicaciones y las experiencias de avistamientos. Gran parte del éxito de la difusión se debió también a la labor de unos pocos que aceptando las continuas invitaciones de medios de comunicación, grupos y personas interesadas, viajamos con mucho sacrificio por todo el país y por el mundo, compartiendo lo que hemos vivido y venimos aprendiendo, reproduciéndose en todas partes, los encuentros cercanos, y demostrando con ello que el contacto es accesible a todos porque está siendo facilitado por los mismos extraterrestres, que lo inducen, y que no depende de un lugar para darse sino de la preparación de las personas, para sensibilizarse y mantenerlo.

La primera vez que tuve la oportunidad de subir a una nave fue en abril de 1986 —a los doce años de iniciado el contacto—, y fue a raíz de una comunicación que recibió mi esposa, Marina. Después de contrastar dicha psicografía con otros mensajes —asegurándonos su exacta procedencia—, me dirigí a Chilca con algunos compañeros.

Ya en el desierto, vi aparecer en el cielo un objeto luminoso, que proyectó un haz de luz que cayó de forma oblicua sobre mi persona. De un momento a otro me sentí libre de peso y alzado en el aire. No pasó ni un minuto en que se fue cerrando debajo de mí, una especie de tapa de alcantarilla de unos tres metros de diámetro. Y ni bien fue bajando la intensidad de la luz, pude ver que ésta procedía de un gran cristal en forma de rombo suspendido de un techo abovedado. Al apagarse definitivamente la luz quedé en una cierta penumbra, y fui depositado sobre aquella tapa circular que poseía tres círculos concéntricos. De pronto, me encontré en el centro de un salón circular con luces rectangulares rojas alrededor, mientras que el piso parecía un espejo. Tenía el cuerpo agarrotado por la tensión y por el natural temor a lo desconocido, pero cuando fui recuperando mi propio control, ubiqué hacia el lado izquierdo de donde me encontraba —ligeramente por encima del nivel del suelo—, lo que parecía ser una puerta ovalada abierta, de donde salía una intensa iluminación. Me dirigí hacia allí y palpando en la oscuridad encontré una rampa de acceso, por lo que me subí en ésta, acercándome hacia la puerta y cuando llegué a ella, me detuve y me puse de espaldas a la pared, tomando respiraciones lentas y profundas. La idea era hallar en mí el valor como para mirar a través del umbral. Cuando me decidí a hacerlo, miré y observé que allí había una habitación hexagonal con un falso techo compuesto por pirámides invertidas de ancha base cuadrangular de un intenso color naranja. El piso era como de un color amarillo mostaza, y a un lado y al otro habían tres niveles de pantallas, dando la impresión de ser aquel lugar como una sala de control y monitoreo, como en los estudios de televisión. De las paredes salían una especie de escritorios blancos llenos de discos brillantes, y la mismísima luz de la habitación parecía salir de las paredes ya que no se veían focos. En el centro de aquel cuarto había dos grandes cilindros, que lucían de la mitad hacia abajo oscuros, y de la mitad hacia arriba romos y transparentes como si fuesen de vidrio. Observando en su interior, percibí unos tubos metálicos conteniendo fragmentos de minerales.

Me dirigí luego hacia los escritorios del lado izquierdo, y no sé cómo fue que me atreví a colocar mi dedo sobre uno de los discos brillantes que se hallaban en los escritorios al pie de las pantallas; y al hacerlo sentí como la sensación del hielo seco, no apareciendo imagen alguna en los aparentes monitores. Pero cuando quise retirar mi dedo, no lo podía hacer. Lo tenía pegado allí, incrementándose en mí un dolor como si se me despellejara la piel y hasta sentía que se me acalambraba el brazo, como cuando se interrumpe el fluido sanguíneo. En ese momento comencé a sudar frío pensando que de pronto entrarían los extraterrestres, y me iban a encontrar con el dedo puesto en sus controles. Cuando pensé en ellos más que en mi incómoda posición, pude despegar mi dedo del panel y alejarme hacia el centro de la habitación; allí dije en voz alta, que si me habían invitado, dónde estaban entonces. Fue en aquel instante que se abrió frente a mí como una puerta y aparecieron adelante de una potente luz, las siluetas de cuatro seres de estructura humanoide, uno de ellos alto y corpulento, mientras que los otros tres se los veía más pequeños y delgados.

El más alto empezó a avanzar hacia mí, mientras que los otros tres permanecían estáticos detrás; y llegando muy cerca de mí, se detuvo, pudiendo contemplarlo al detalle. Era un persona impresionante. Su sola presencia me hacía sentirme en paz y armonía. Lucía este ser un traje brillante pegado al cuerpo que le cubría completamente, exceptuando su rostro y las manos. En él se destacaba una bien formada constitución robusta de varón; mientras que su rostro sereno de rasgos orientales daba la impresión de un hombre de unos cincuenta años.

De pronto me empezó a hablar en perfecto español, sorprendiéndome, por cuanto en todos los anteriores encuentros físicos siempre se había comunicado mediante señas con las manos y mensajes telepáticos. Pero esta vez me habló y me dijo que no tuviese temor, que estaría una hora con ellos. Mientras él se dirigía a mí, los otros tres seres —que vestían el mismo tipo de traje que el que me hablaba—, se desplazaron por el interior de la habitación de tal manera que pude observarlos: eran bajos con cabezas grandes y ovaladas, en relación con su cuerpo delgado; sus brazos largos terminaban en manos que llegaban a la altura de las rodillas y que mostraban largos dedos. Tenían un rostro blanco como la nieve, con grandes ojos oscuros hundidos en un rostro inexpresivo. La nariz sólo eran dos orificios, y el labio superior cubría al inferior de tal manera que parecía que no tenían boca. Al pasar uno de ellos cerca de mí, sentí que no tenían vida como la nuestra, sino que eran una especie de androide o de robot. Este ser que se nos acercó, traía entre sus brazos algo que inicialmente me pareció una caja rectangular metálica, pero después la aprecié mejor y vi que eran unas largas planchas metálicas con unos anillos en los extremos. Las planchas estaban llenas de extraños símbolos que me hicieron recordar los "neumas" o símbolos del canto gregoriano medieval.

Al tener delante de mí esta especie de libro compuesto de planchas metálicas, el ser alto me dijo que allí estaba parte de la historia de la Tierra. Pronto —según él— la humanidad llegará a conocer que somos parte de un proyecto cósmico y el resultado de múltiples y sistemáticas intervenciones extraterrestres a lo largo de nuestro pasado.

Esta experiencia en el interior de sus naves se repitió por dos veces más en 1987, una acompañándolos a estos seres a una base submarina frente a las costas del Perú durante tres horas treinta, y luego en un increíble viaje en su nave a Morlen durante dos días de la Tierra, pudiendo conocer una ciudad en Ganímedes donde se encuentran alrededor de doce mil personas, que han sido extraídas de nuestro mundo, rescatados en los últimos trescientos años de lugares como el Triángulo de las Bermudas o de las manos de civilizaciones que no han venido con buenas intenciones. Toda esta gente está siendo preparada para ser devuelta a nuestro mundo a manera de una infiltración positiva, para ayudar al gran despertar de conciencia y al cambio, accediendo estas personas con el tiempo, a medios de comunicación y puestos de poder donde una acción o decisión positiva es más que necesaria y urgente.

En marzo de 1989, cuando un meteorito de casi un kilómetro de diámetro pasó rozando el planeta Tierra, fue convocada la prensa internacional a un nuevo encuentro programado en el desierto de Chilca. Era la quinta vez que se invitaba a periodistas a lo largo de quince años de experiencias. En aquella ocasión —producto de la seriedad y credibilidad alcanzada con los años—, vinieron cuarenta periodistas de ocho países; y tal como lo anunciaban los mensajes recibidos con treinta y tres días de anticipación, la nave apareció en el cielo a baja altura y fue fotografiada y filmada por los periodistas, demostrando que el contacto sigue siendo real y que está vigente. Entre los periodistas asistentes a esa importante cita mundial se encontraba Gilda Miroz de Radio Hit de Nueva York; Leticia Callava de Canal 51 Telemundo de Miami; José Gray de Canal 23 Univisión, también de Miami; Beatriz Parga del periódico *Miami Herald*; Hugo Chávez de Colorvisión de la República Dominicana; Rolando Veraz de Canal 2 de televisión de Buenos Aires, Argentina; Joan Vasseda de Radio El Vendrell de Cataluña, España; Pablo de Madalengoitea de América Televisión de Lima; Edilberto Alvarado del diario *Expreso* de Lima, etcétera.

La última vez que nos acompañaron periodistas a un encuentro programado —anunciado éste con seis meses de anticipación—, fue entre los días 2 y 7 de agosto de 1995 en la playa Las Brujas, en el kilómetro setenta de la panamericana sur en Lima; saliendo publicado por la prensa los testimonios de los cientos de personas reunidos en esa ocasión, que fueron testigos de los avistamientos, y de los acontecimientos extraños y contundentes acaecidos allí. Entre los asistentes se contaron muchos periodistas nacionales y extranjeros, así como la policía de una localidad cercana que también contempló el fenómeno.

La narración al detalle de todos estos acontecimientos, al igual que los extraordinarios viajes grupales para contactar con la Hermandad Blanca de los Retiros Interiores efectuados en los últimos años, se encuentran compilados en mis anteriores libros: *Los Guías Extraterrestres, Contacto Interdimensional* y *El Umbral Secreto*.

Hoy por hoy el contacto continúa, y se halla dirigido al cumplimiento de los objetivos más profundos y las realizaciones más positivas y ambiciosas dentro de lo espiritual, en medio de un panorama mundial con grandes cambios positivos, y con una humilde pero creciente luz de esperanza al final del camino, consecuencia del trabajo comprometido de tantas personas, dando lo mejor de sí durante las últimas décadas y a las que aprovecho la oportunidad para rendir un respetuoso homenaje.

# El planeta azul

*A*quella era una de tantas noches frescas de verano, en las que acostumbradamente nos reuníamos a meditar en nuestra casa con la familia y los amigos. No era muy tarde y todos los asistentes habíamos aguardado con mucha expectación la reunión, intuyendo quizá, que en aquella ocasión se nos tenían reservadas importantes revelaciones que nos permitieran ir atando cabos; uniendo todo lo recibido hasta entonces a lo largo de cientos de recepciones, multitud de salidas al campo y unas cuantas, pero contundentes experiencias de contacto físico.

Los trabajos de respiración, relajación, concentración y meditación de aquella velada, iban encaminados a unir nuestras intenciones, buscando la actitud receptiva adecuada que nos permitiese captar un nuevo mensaje psicográfico procedente de seres extraterrestres, con los que al cabo de los años, ya habíamos establecido una relación estrecha y fraternal, la cual se había corroborado una y otra vez con avistamientos previa cita en el desierto al sur de Lima. Contactos serios y trascendentales comprobados por la prensa internacional con la intención de ir predisponiendo el ambiente frente a un próximo encuentro definitivo y generalizado con la humanidad.

Una a una las personas iban tomando asiento en las sillas y sofás de la acogedora sala, rodeada de paredes de las que colgaban multitud de cuadros y recuerdos, regalados por los innumerables grupos formados en todo el mundo a partir de una primera experiencia ocurrida en 1974 en Lima, capital del Perú.

Cada uno de aquellos obsequios estaba cargado de amor y cariño; de historia y de grandes logros como realizaciones en la difusión de un mensaje de cambio y esperanza para la humanidad.

Llegado el momento, empezamos nuestro trabajo de preparación haciendo todos, silencio, para luego irnos acomodando, ubicándonos parados con los talones juntos y en una actitud mental positiva de interiorización. La idea era colocarnos todos en círculo, intercalándonos hombres y mujeres para polarizar las energías, siempre que el número lo permitiese y aprovechar la potencialidad del grupo.

La luz de la habitación había sido gradualmente disminuida, para crear una ambientación especial de introspección. En ese momento pedí a todos los participantes que elevasen sus brazos y sus manos por encima de sus cabezas. Luego, sugerí que tomaran una respiración lenta y profunda por la nariz, utilizando el vientre como si fuera un fuelle, llenando la parte baja, media y alta de sus pulmones. A continuación, debían retener el aire y luego exhalarlo lo más lentamente posible también por la nariz. Así por tres veces consecutivas, y con cada una de ellas, imaginarse que descendía a través de sus manos y brazos elevados, una energía de luz dorada procedente del cosmos, que se concentraba en el pecho de cada uno, activando el propio sol interior.

Cada exhalación debía venir acompañada de un movimiento de nuestros brazos, abriéndolos en arco y formando así una cúpula de protección, a manera de un domo de luz, para que nada malo, nada negativo pudiese prevalecer contra nosotros; contra el grupo y la casa que nos albergaba; ni contra nuestros hogares a la distancia. Además esta cúpula de protección nos libraría de la asechanza de cualquier entidad negativa que tratase de interceptar nuestra propuesta de contacto.

Para consolidar dicha cúpula de protección, repetimos todos a continuación la siguiente gran invocación:

*Que las fuerzas de la luz*
*iluminen a toda la humanidad.*
*Que el espíritu de paz*
*se difunda por el mundo.*
*Que el espíritu de colaboración*
*una a los seres humanos de buena voluntad,*
*donde quiera que estén.*
*Que el olvido de agravios*
*por parte de todos los seres humanos,*
*sea la tónica de esta época.*
*Que el poder acompañe,*
*el esfuerzo de los grandes seres.*
*Desde el punto de luz en la mente de Dios*
*que afluya luz a las mentes de los seres humanos,*
*que la luz descienda a la Tierra.*
*Desde el punto de amor en el corazón de Dios,*
*que afluya amor a los corazones de los seres humanos*
*que Cristo se manifieste entre nosotros,*
*ya que ha retornado a la Tierra.*
*Desde el centro donde la voluntad de Dios es conocida,*
*que el propósito guíe las pequeñas voluntades*
*de los seres humanos;*
*el propósito que los maestros conocen y sirven.*
*Desde el centro que llamamos la raza humana,*
*que se realice el plan de amor y de luz,*
*y selle la puerta donde se halla el mal.*
*Que la luz, el amor y el poder,*
*restablezcan el plan divino en la Tierra.*

*Que así sea y así será,
y que todos cumplamos con nuestra parte.*

Terminada la invocación, los asistentes cruzamos nuestras manos a la altura del pecho, quedando en silencio por espacio de un minuto; agradeciendo al Todopoderoso por la oportunidad que nos brindaba de estar todos allí reunidos compartiendo los trabajos... A continuación, nos sentamos lo más cómodamente posible, colocando los talones juntos y las palmas de las manos, una encima de la otra, dejando las manos relajadas sobre nuestras piernas; cerrando de esta manera el circuito interno de energía.

Dirigí entonces una relajación muy profunda, pidiéndoles a todos que mantuvieran la respiración lenta y pausada por la nariz, inhalando, reteniendo y exhalando lentamente, lo más lento posible. Mientras hacían esto, les pedí que se imaginaran que podían masajear su cuerpo como si lo frotaran con las manos físicas; pero mentalmente.

Con cada respiración rítmica, debían visualizar o imaginar que la energía se concentraba en su interior a la altura del pecho y, desde allí, enviaban la energía a todo el cuerpo.

Empezamos por masajear y relajar mentalmente los pies, y desde allí fuimos ascendiendo masajeando todo el organismo, frotando las plantas de los pies, los talones, los tobillos, las rodillas, muslos, glúteos y caderas. Todos debían sentir cómo la energía cubría por dentro y por fuera los huesos, los músculos, tendones y ligamentos, fortaleciéndolos y haciendo desaparecer todo dolor, toda molestia.

Manteniendo la respiración rítmica, por la nariz, debían sentir todos un agradable calor que iba subiendo desde los pies hasta la cabeza, envolviendo todo el cuerpo en luz y energías positivas.

El masaje mental continuaba con las caderas, los órganos sexuales, los intestinos y cada uno de nuestros órganos internos. Debíamos sentir cómo la energía que se distribuía por nuestro interior gracias a la respiración lenta y profunda, envolvía por dentro y por fuera nuestros órganos, masajeándolos y liberándolos de tensión.

Poco a poco nuestros órganos iban recuperando su normal funcionamiento al envolverlos con luz por dentro y por fuera... Llegamos entonces al corazón y a los pulmones, masajeándolos como si los acariciáramos con las manos, pero mentalmente, y sintiendo los desplazamientos de la energía en nuestro interior. Los latidos del corazón se van haciendo cada vez más y más lentos. Sentimos también, cómo los pulmones se van limpiando de toda contaminación, de toda acumulación de energía negativa.

Del corazón y los pulmones pasamos a la columna vertebral, ascendiendo lentamente y masajeando vértebra por vértebra. Con este masaje mental poco a poco vamos corrigiendo cualquier posible desviación de la columna, restaurando el normal flujo de las energías.

Seguimos entonces a los hombros y relajamos los brazos, los codos y las manos, de tal manera que de los hombros hacia abajo ya no sentimos nuestro cuerpo, sólo sentimos una agradable sensación de paz y de armonía; un agradable calor que nos envolvía y que duraría todo el tiempo que nosotros así lo permitiéramos.

Continuamos el ascenso, y fuimos masajeando como si frotáramos con las manos: el cuello y la nuca. Sentimos oleadas de energía que ascienden de los pies a la cabeza... ¡Qué agradable sensación de paz y de armonía la que experimentamos!... Masajeamos luego mentalmente la glándula tiroides y restablecimos el normal funcionamiento glandular. Habíamos llegado entonces al rostro y lo relajamos, frotando los músculos de la cara como si los acariciáramos con nuestros propios dedos. Los párpados se cerraron por sí solos; la boca quedó entreabierta. Percibimos en ese instante, cómo la energía se concentraba en nuestros dientes —que son los fusibles del organismo—, restaurando el equilibrio eléctrico del cuerpo.

Llegamos alcanzando con la relajación nuestros ojos y oídos. Los visualizamos mentalmente y los envolvimos en luz, devolviéndoles una normal y saludable visión así como una correcta y sana audición, recuperando también el equilibrio corporal. A continuación, seguimos con la parte posterior de la cabeza masajeando el cerebelo, el bulbo raquídeo, la médula espinal, activando las glándulas pituitaria y pineal.

Finalmente llegamos al cerebro, y tal como si lo tuviésemos delante de nosotros y pudiésemos frotarlo, así sentimos que lo hacemos; como si lo acariciáramos con las manos. Sentimos cómo íbamos liberando nuestra mente de todo pensamiento negativo, de toda preocupación o idea obsesiva... Y quedamos en paz... Perfectamente relajados y libres de toda tensión... Durando esta relajación, todo el tiempo que nosotros así lo deseábamos...

De allí en adelante ningún ruido interferiría nuestro trabajo sino que por el contrario, todo ayudaría a relajarnos más y más.

Después de esta profunda relajación hicimos unas vocalizaciones de palabras clave o llave, que no sólo sirven para elevar la vibración del ambiente, sino que también permiten lograr una armonía de conjunto. En esa ocasión vocalizamos entre todos, palabras como: OM, RAMA, AMAR y, ADONAI; muchas veces cada una de ellas. Y el resultado fue una excelente ambientación para iniciar nuestra meditación.

En esa oportunidad se habían tomado todas las previsiones del caso, por lo cual teníamos a mano lápiz y papel, ya sea que algunos de los presentes o más de uno, sintiésemos la necesidad de transcribir lo que pudiese estarse captando mentalmente durante la meditación; o sea, en el caso de que se diese una posible recepción psicográfica o comunicación telepática.

Sabemos que la meditación es la búsqueda del ser humano por llegar a estar a solas y en silencio para conectarse consigo mismo. Con la meditación se consigue un estado interno de paz y armonía indispensable para nuestra salud mental y espiritual; y que a la vez, como dijimos, resulta el adecuado para cuando se procura la comunicación con el maestro interno, con Dios, con extraterrestres, ángeles o maestros ascendidos. Y esto porque: ¿cómo puedo oír la voz de mi real ser y saber quién soy yo mismo, si no me pongo en la actitud adecuada? Si quiero oírme tengo que aquietarme, y en el silencio interno, procurar despejar mi mente o mejor dicho, dejar mi mente en blanco para estar atento.

Si aprendemos a respirar, tendremos la energía necesaria para realizar trabajos superiores y trascendentes. Entonces, podremos relajarnos, que es eliminar la tensión dispersa por nuestro cuerpo, recuperando poco a poco la salud y así podremos concentrarnos. Concentrarse es ordenar los pensamientos y aprender a pensar una sola cosa a la vez. En este proceso de ordenar el propio desván que es nuestra mente, uno debe enfrentar sus ideas procurando controlarlas, y así va reconociendo cuándo tal o cuál idea es suya y cuándo podría no serlo, teniendo ésta un origen exterior a uno. Y si la persona —producto de la constancia— llega a entrenar su mente como para pensar sólo una cosa a la vez, aun ese solo pensamiento lo podría erradicar y liberarse, dejando transitoriamente la mente en blanco.

Habiendo llegado todos a crear el ambiente adecuado, nos sumergimos en la meditación silenciosa, repitiendo una y otra vez mentalmente la pregunta: ¿quién soy yo?

Sólo aquellos que ya teníamos tiempo meditando y contábamos con nuestro nombre cósmico, repetíamos esta clave personal a manera de llave o clave de ingreso a nuestro propio interior. El nombre cósmico es un sonido o vibración personal que es único, y que puede ser recibido ya sea durante las meditaciones del quién soy yo a través de cualquier clase de meditación; como también mediante alguna revelación interna, o en sueños, o en alguna salida de contacto facilitado por parte de los guías extraterrestres que lo pueden leer en nuestra aura.

A lo largo de innumerables minutos, el grupo estuvo meditando en silencio y aislado en su propio interior, llenándose el ambiente de una hermosa atmósfera de misticismo, acompañada de un misterioso y exquisito aroma de flores, consecuencia quizá de la presencia de alguna entidad superior proyectada en medio de la reunión o por la vibración alcanzada por el conjunto de personas. Y al parecer fue más bien una presencia superior, por cuanto al terminar más tarde el trabajo de captación, hubo comentarios de parte de varias personas que coincidían en haber percibido la presencia de alguien con una luz muy intensa y una agradable vibración, como parado o caminando en medio de todos. Quizá se tratase de la proyección de uno de los guías.

Durante la meditación más de uno nos sentimos impulsados a tomar entre nuestras manos papel y lápiz, y transcribir lo que vertiginosamente venía a nuestra mente. La sensación era extraña, como de una presión intensa en la nuca y en la frente, así como mucho calor y, como una energía extraordinaria concentrada sobre el brazo y la mano, que la hacía muy pesada. Sin embargo toda la captación era algo muy agradable, como si a uno le hablasen al oído.

A lo largo de la recepción nos permitimos ir haciendo preguntas que nos ayudaran a profundizar los temas que se nos fueron planteando. El resultado final de ésta y otras recepciones similares, es este gran mensaje o revelación sobre un tema tan importante como es "El Plan Cósmico", y que nos lleva a vislumbrar el rol y la gran misión de la humanidad.

Los mensajes decían:

—Sí, Oxalc, somos vuestros hermanos guías del cosmos en contacto desde nuestras naves que se encuentran, unas orbitando vuestro planeta y otras en bases submarinas y subterráneas.

—*¿Quiénes son ustedes realmente?*

—Somos viajeros por el tiempo y el espacio... Pertenecemos a diversos órdenes jerárquicos.

—*¿De dónde proceden?*

—De diversos puntos de esta galaxia y de galaxias cercanas, así como de diferentes planos de conciencia y diferentes dimensiones.

—*¿Cuántas civilizaciones distintas están llegando a nuestro mundo?*

—Autorizadas y sin autorización suman unas sesenta.

—*¿Todas vienen con buenas intenciones?*

—El que lleguen algunas sin permiso demuestra que hay de todo en el espacio como lo hay en la Tierra. Pero sí es bueno aclararles, que no es tan fácil que quienes no vienen con buenas intenciones puedan actuar libremente en vuestro mundo.

En este momento está establecida una cuarentena planetaria resguardándolos de las arbitrariedades de algunos; aunque nunca falta quien logra burlar los controles existentes.

—*¿Es que acaso hay como unos guardianes espaciales?*

—Existen en esta galaxia aquellos que son conocidos como los Sembradores de Vida o Ingenieros Genéticos, encargados de ayudar a la naturaleza esparciendo la vida inteligente por los diversos rincones de la galaxia; luego vienen los Guardianes y Vigilantes cuya labor se concentra en el control de los procesos iniciados en planetas seleccionados para experimentación, o en la protección y supervisión de los mundos en surgimiento; y finalmente vienen los Instructores, contingente a cargo del suministro de información y conocimiento así como de la ayuda en la activación de mecanismos que contribuyan al despertar de las conciencias y de las potencialidades internas de la mente. Todos ellos están bajo la coordinación y dirección de un Consejo principal de Ancianos conocido como el Consejo de los 24 Ancianos de la Galaxia o Consejo de la Confederación de Mundos, que agrupa a todos los mundos más evolucionados de la galaxia en capacidad de ayudarse y dar ayuda a otros.

—*¿Cómo puede ser que entre civilizaciones tan avanzadas aún se encuentren algunas que sean agresivas?*

—Simplemente hay quienes vienen a lo suyo, sin importarles los procesos propios de otros mundos; y hay otros que no están de acuerdo con el Plan Cósmico tal y como está dispuesto, y consideran que su intervención en tal o cual planeta está plenamente justificada si es útil para mantener un orden conveniente a ciertos intereses que no necesariamente suelen ser los de la mayoría.

Además el gran avance tecnológico no es garantía de un similar avance ético y espiritual.

—*Entonces, ¿ciertamente hay un Plan Cósmico? ¿Cuál es y en qué consiste?*

—Ustedes lo han dicho... Pero vamos paso a paso para que lo puedan entender.

—*Hermanos Guías, ¿cómo empezó todo?*

—Al principio de este nuevo principio del universo material, todo era ausencia y oscuridad, y luego, la Voluntad Suprema del Profundo Amor de la Conciencia Cósmica que es la manifestación del Creador en el universo material, permitió que se materializara la presencia y la luz, ocupando una parte de! todo, y a partir de ese momento, ha habido una continua sucesión de momentos de oscuridad y de luz, de ausencia y presencia, dentro y fuera de todos y de todo, en una lucha de primacía que mantiene la dinámica de evolución. Ha sido así hasta que llegue el tiempo sin tiempo, en que la luz brote del interior de cada ser como cuando el agua brota de una peña, y sea entonces que no importe la posible oscuridad exterior por cuanto los pasos que se den serán intuitivamente seguros, y a la vez conscientes de ser guiados por la reconexión alcanzada con esa Voluntad Superior.

Esa luz la dará el conocimiento y la certeza del propósito de la vida y del Plan Cósmico para con la humanidad. Conocimiento que será revelado en la medida que vaya brotando en los seres la necesidad de búsqueda de respuestas. Y es que el conocimiento como el agua, es buscada afanosamente sólo cuando hay sed, porque cuando hay sed hasta el instinto mismo les ayuda a encontrarla.

La comprensión y el conocimiento permitirán también descubrir la eterna presencia que mora en todo y en todos, a partir de lo cual la soledad no existirá más.

—*¿Hubo más de un principio?*

—Ha habido muchos y muy distintos, porque el Creador —que está tras el universo de su creación—, se experimenta a sí mismo a través de sus criaturas. El actual principio es uno más...

Es como si estuviésemos a la mañana de un nuevo día y el panorama se presenta innovador.

—*¿El universo es finito o infinito?*

—El universo material tiene principio y tiene fin. Empezó y terminará. Es como una gran esfera, tiene fin pero no posee límites.

—*¿Hay sólo un universo?*

—Hay múltiples; pero esencialmente podemos sintetizarlos en tres universos, uno contenido dentro de otro. El universo inicial o primordial que es el interno es el llamado universo espiritual. Este ha generado al universo mental que es el llamado eterno, y éste a su vez ha creado al universo material o externo. Cada uno actúa a través del otro.

El universo material posee siete dimensiones, por ello los seres conscientes y pensantes tienen siete cuerpos para actuar en aquellas siete dimensiones. Para despertar la conciencia en cada uno de esos siete cuerpos, se requiere activar los siete centros o vórtices de energía interior que se poseen ubicados a lo largo de la columna vertebral, y ello se logra cuando llegamos a conocer y vivenciar las siete leyes y principios universales que rigen la creación.

En la medida que se va evolucionando los primeros vehículos se van tornando más sutiles, pero con la posibilidad cada vez mayor de actuar e influenciar en los planos más densos.

—¿*Cómo podrían definir ustedes aquellas leyes o principios universales?*

—Hoy hay suficiente conocimiento en la Tierra sobre el tema como para empezar a aplicar conscientemente dichas leyes y principios, sólo que el problema es que el conocimiento compromete. Y es que la enseñanza de aquellas leyes es una herencia que les ha sido dada desde la época de las colonias extraterrestres y atlantes en Egipto.

La primera ley consiste en que uno puede crear lo que cree... Si orientan su mente con una actitud positiva hacia la consecución de cualquier realización, ésta llegará a materializarse. Pero si por el contrario se dejan llevar por el pesimismo y la negatividad, todo a vuestro alrededor será reflejo de aquello.

En esta primera ley deben trabajar la concentración, la voluntad y la sabiduría.

La segunda ley consiste en que todo es un reflejo del universo que nos rodea, por lo que al ser parte consciente de la creación, ustedes también pueden y deben ser cocreadores de todo aquello que pueda ser edificante y positivo. Y es que también por ser el universo un acto de amor del Todopoderoso, vuestras existencias deben estar inspiradas y marcadas por el amor.

Las leyes que regulan el universo son las mismas que intervienen en la vida de un individuo, por lo cual conociéndose uno a sí mismo se puede llegar a conocer el universo y de la misma manera, afectarlo para bien o para mal.

En esta segunda ley deben trabajar el despertar de la conciencia, el discernimiento y la intuición.

La tercera ley es que el vehículo de acción o el medio de concreción de la creación es la palabra. La palabra es vibración y poder sobre la formas, porque decreta y materializa las cosas alrededor de uno y en uno. Es más: la palabra es la que da forma a las cosas.

Por la palabra se puede construir y hasta destruir. La palabra es una llave que puede abrir puertas entre las dimensiones, así como puede aperturar las conciencias y los corazones de los semejantes, pero sólo si ésta es bien empleada por alguien puro de corazón.

Los grandes problemas de vuestra actual humanidad se resumen en la carencia de comunicación; en la abundancia de mensajes sin poder; de palabras sin una vibración superior. La carencia de un ejemplo de vida y la falta de consecución de las enseñanzas ha hecho a las palabras: vanas y vacías. Por ello sólo se enseña bien cuando las palabras van acompañadas por el ejemplo.

Cuando restablezcan el contacto interno y como consecuencia recuperen el contacto con vuestros más cercanos, volviendo a ser honestos y sinceros en vuestros pensamientos y palabras, el universo se hará oír en ustedes y hablará a través de vuestras almas con la fuerza del poder para abrir mentes y corazones.

En esta tercera ley hay que trabajar con la respiración, inteligencia y la pureza.

La cuarta ley consiste en que toda realización cuesta esfuerzo y genera una fuerza de oposición, pudiendo medirse el valor e importancia de lo que se hace por el grado de dificultad antes, durante o después. Por ello, no deben amilanarse cuando las cosas se les complican pareciendo no tener solución, por cuanto todo lo que realmente vale, exige una máxima dedicación y suele ser un camino lleno de escollos, que va probando palmo a palmo vuestra voluntad y convicción.

El mundo ideal no existe, por lo tanto hay que crearlo todos los días y en todo lugar con la conciencia despierta y actitudes positivas que influyan sobre el ambiente y las demás personas. Por ello no caigan en el error de algunos que piensan en huir del planeta porque consideran que ya es tarde. Nosotros les podemos asegurar que aún no es tarde para cambiar y para que todo se transforme, pero todo variará si antes ustedes modifican sus patrones conductales.

En esta cuarta ley deben trabajar la perseverancia, la tolerancia y la convicción.

La quinta ley permite entender que en el proceso de crecimiento todos habremos de pasar muchas veces de la luz a la oscuridad y viceversa. Se habrá de atravesar por períodos de cambio y de estancamiento. Y siempre uno precederá al otro, lo que nos hará estar permanentemente en guardia.

El contraste de estados nos enseñará a valorar y a dominar los momentos internos cambiantes, pudiendo desarrollar cada vez un mayor equilibrio o capacidad como para modificar a voluntad la situación, o hacer más llevaderos los momentos difíciles.

Al final cada uno debe llegar a conocer sus propios ritmos internos para dominarlos, llegando con ello a afectar las fluctuaciones del ambiente externo.

En esta quinta ley se deberá trabajar la fe, la paciencia y la esperanza.

La sexta ley indica que todo es consecuencia de las necesidades de nuestro actual aprendizaje y de las decisiones, pensamientos y actos con los que sembramos la vida, así como también por los procesos pendientes de existencias pasadas. Y es que cada vida se nos ofrece como una nueva aventura pero con mayor experiencia. Experiencia alcanzada de otras vidas, que se manifiesta en nuestra particular forma de enfrentar las propuestas que se nos van presentando; todo ello, como parte de un proceso de crecimiento hacia una expansión de conciencia, donde nada es dejado al azar; y donde también, no está dicha nunca la última palabra.

En esto no hay programas individuales o colectivos incompletos, ni programas definitivos e inamovibles. No se han descuidado los detalles pero todo puede variar. Todo se puede modificar para bien o para mal, dependiendo fundamentalmente de nuestra actitud frente a la vida. Pero eso sí, la evolución es personal e intransferible, aunque paradójicamente ésta sólo se puede realizar en permanente interacción con los demás.

La cosecha de nuestra vida es el producto de la siembra de nuestras acciones.

En esta sexta ley se ha de trabajar el servicio con discernimiento, bondad y decisión.

La séptima ley nos enseña que todo en el universo busca su complementación, y que hasta en la dualidad, los opuestos son necesarios para el crecimiento de ambos. Por ello, necesitamos del otro para vernos reflejados en él y así superarnos cada día, logrando la madurez en nuestras vidas.

En esta séptima ley habremos de trabajar la comprensión, la tolerancia, el respeto y el amor.

—*¿Y cómo se puede trabajar la comprensión y la tolerancia?*

—Aprendiendo a comunicarse, para así poderse entender y lograr con ello aceptarse. Pero preguntarán: ¿Y cómo aprendes a comunicarte? Pues intentándolo, experimentando formas y diversas alternativas, hasta que las barreras desaparezcan y uno aprenda a desnudar su alma, mostrándose tal cual uno es. Para esto no necesitan llegar a ser telépatas, simplemente seres humanos que intentan sentirse y hacerse sentir. Además recuerden que lo importante es procurar hacer sentir bien a los demás, tratándolos como uno quisiera ser tratado.

—*¿Cuándo y cómo podemos trabajar con estas leyes o principios?*

—Sin darse cuenta ya lo están haciendo.

Ningún principio funciona aislado o independiente de los demás. Por ello, en cada acto de la vida están aplicando todo esto, el asunto es ¿qué tan conscientes lo hacen? y ¿qué tan positivamente para ustedes y para los demás?

—*Volviendo al inicio: ¿cuándo empezó todo en esta última creación?*

—Hace miles de millones de años de los de ustedes.

—*Según los últimos descubrimientos científicos realizados desde la Tierra y alrededores, no sería mucho lo que tendría el universo de haberse formado.*

—Es que su planeta se encuentra en un tiempo alternativo, desfasado y diferente al del real tiempo del universo, por cuanto la Tierra fue seleccionada para un proyecto cósmico llegando allí civilizaciones que ingresaron por grandes puentes, pasos o túneles interdimensionales. Por ello y no sólo por las grandes distancias en el espacio, su visión desde la Tierra y su sistema, corresponden a una visión del pasado.

—*¿Podrían aclarar esta información?*

—Cuando un planeta con grandes potenciales no tiene futuro y se va a destruir o ya se destruyó, podemos —previa autorización—, crearle un futuro alternativo. Pero más adelante se les irán esclareciendo los conceptos.

—*¿Podrían explicarnos cómo es que se movilizan por el espacio?*

—El universo no está vacío, está lleno de la energía de todas las estrellas que la irradian y porque todo es de por sí la energía que creó a las estrellas, así que nuestras naves no necesitan de estaciones de servicio como ustedes para recargar combustible, simplemente, son ellas grandes condensadores de la energía del cosmos. Además, el universo está todo él atravesado por líneas de fuerza que son como grandes corrientes de energía que fluyen en distintas direcciones, como los meridianos en el cuerpo de un ser humano o como los ríos que pueden navegar conectando los países entre sí. Basta que una nave se ubique en estas líneas de fuerza como para que con un mínimo impulso se pueda alcanzar y rebasar la velocidad de la luz, comprimiendo el tiempo y el espacio, e ingresando a la cuarta dimensión.

Por un momento imagina una hoja de papel... Nosotros al transportarnos, no vamos en línea recta de un extremo al otro de la hoja recorriendo todo el papel, sino que doblamos la hoja y pasamos de una punta a otra, pero como si entráramos "hoy" aquí (una parte cualquiera del universo); y simultáneamente saliéramos "ayer" pera allá, del otro lado del universo. Esto a través de atajos cósmicos.

—*¿Esto quiere decir que los mismos seres que han venido a la Tierra hace un millón de años, o cien mil años o hace tres mil, son los mismos que nos visitan ahora?*

—¡Ciertamente! ...Para ustedes sí pasó todo ese tiempo pero no para nosotros.

Los pasos por el espacio son como los túneles en vuestras carreteras. El universo tiene pliegues que doblan el espacio; vórtices que lo pliegan, comprimiendo el tiempo hacia adelante o hacia atrás, y es por allí por donde es posible viajar por el tiempo y el espacio.

—*¿Existe algún requisito para movilizarse por estos pasos interdimensionales?*

—Es muy importante un alto nivel de conciencia y ética, no sólo para tener la capacidad como para desplazarse sino también como para sobrevivir a un viaje de este tipo, que requiere respetar procesos de otros lugares y tiempos. Esa misma conciencia es requisito para recordar las experiencias vividas. Pero todo ello se logra con el trabajo interno de introspección y autoconocimiento que ustedes conocen como meditación.

—*¿Estos viajes los realizaron con su cuerpo físico?*

—A veces sí, porque no siempre es necesario. Existen muchas posibilidades en el traslado dimensional. Además no todas las civilizaciones que están llegando a la Tierra poseen corporeidad física. Hay seres que son de energía, amorfos, pero requieren de naves físicas para movilizarse y llegar hasta donde están ustedes, para que su energía no se pierda en el espacio; hay otros seres que no se asemejan a la estructura antropomorfa del ser humano por lo que postergan el contacto directo, o a veces asumen una apariencia aceptable por ustedes para evitar el posible rechazo.

Pero en el caso de los viajes a través de pasos interdimensionales, la proyección puede ser física, astral, mental o espiritual, todo depende de las condiciones de preparación de la persona, así como de las necesidades del viaje y las condiciones del momento.

—*¿Y los otros universos cuántas dimensiones poseen y qué leyes los gobiernan?*

—El universo mental posee tres dimensiones y tres leyes o principios. Y es que resulta ser que más allá de la séptima dimensión del universo material, como en la música, en una octava superior, se ingresa en un universo superior con sus propias dimensiones y planos, que ya no es físico sino mental. Los seres que proceden de allí ya no son ni terrestres, ni extraterrestres, ni intraterrestres, sino que se les podría llamar "Ultraterrestres". Ellos son los verdaderos creadores del universo material, habiéndolo hecho todo ello en nombre del Todopoderoso Dios único.

—*¿Ustedes creen en el mismo Dios que nosotros?*

—La idea de Dios que actualmente manejan ustedes en la Tierra es la que los mensajeros del espacio les hemos compartido. Son ustedes los que creen en el Dios en el que les hemos iniciado. Pero es importante que sepan que no es éste un Dios extraterrestre que vive en otro planeta, sino que es aquella fuerza incomprensible e inconmensurable que lo abarca todo y que está en todo.

—*Y entonces ¿de dónde sale la visión de un Dios castigador?*

—Tales distorsiones proceden de la confusión de la fuente con los intermediarios, así como de la manipulación de las conciencias para imponer nuevas directivas por parte de todos los involucrados, ya sean terrestres como extraterrestres. Hoy pueden comprenderlo, pero ciertamente nada de ello se justifica, aunque en la mayoría de los casos fuera producto en su momento de sinceros intentos por orientar resultados positivos.

*—¿Buscando qué?*

—Buscando que la humanidad de este planeta llegase pronto a tomar conciencia de su rol y lo realizase, en beneficio de todos, incluyendo de aquellos que nos encontramos expectantes.

Volviendo a la idea transmitida sobre el universo mental te diré que las tres leyes o principios que allí rigen son: La ley de la Voluntad Consciente, la Ley de la Sabia Creación y la ley de la Generación de Experiencia. Las dos primeras podrían definirse como leyes encaminadas al buen propósito y mejor resultado en la evolución de los universos, y funcionan como ingredientes en un alimento a prepararse; y la tercera ley más bien como los condimentos que le darán el especial sabor final.

En el tercer universo llamado también original, que es el espiritual, hablamos de dos dimensiones más y de dos leyes, la de la Unidad y la del Amor.

Todos podemos llegar a conectar con aquellos dos universos superiores y con las leyes que los gobiernan, pues a través de los siete cuerpos mencionados anteriormente, se puede acceder a dicha experiencia, sólo que dependerá de que cada vez haya en uno mismo una mayor conciencia y compromiso.

Los primeros tres vehículos del ser humano: el cuerpo físico denso material, el astral que es el cuerpo de las emociones y los deseos, y el tercero que es el mental inferior llamado también carácter y personalidad, conectan a través del plano de la conciencia material con el universo material de siete dimensiones.

Los siguientes tres cuerpos son: el mental superior, vehículo de las potencialidades paranormales o la propia cuarta dimensión; el alma llamada también la "catedral del espíritu" que es el registro de las vidas anteriores; y el espíritu que es la conciencia. Estos tres vehículos conectan a través del plano mental con el universo mental de tres dimensiones.

Y el séptimo vehículo es la esencia, que se puede dividir en: voluntad, sabiduría y amor, nos conecta a través del plano espiritual, con el universo espiritual de dos dimensiones más.

El universo material fue creado por el universo mental, porque el mental se experimenta a sí mismo a través del material, buscando con ello a la fuente de todo. Porque es a través de la acción material dirigida con conciencia, que lo mental puede llegar a vivenciar la esencia espiritual.

En esta última creación las primeras civilizaciones que fueron surgiendo, lo hicieron dirigidas por los seres ultraterrestres, quienes marcaron la pauta del desarrollo procurando la consecución de un ideal mental que ellos mismos habían propuesto.

Estas civilizaciones alcanzaron rápidamente niveles muy altos de evolución, pasando así de la tercera a la cuarta, de la cuarta a la quinta, y de la quinta a la sexta dimensión de la conciencia. Este avance se producía como consecuencia de la colaboración que realizaban unos con otros, ayudándose a progresar en una larga cadena de solidaridad.

—*¿Nosotros aquí en la Tierra en qué nivel nos encontramos?*

—Ustedes son seres de tercera dimensión de conciencia en una tercera dimensión física, o sea "seres 3,3". Pero hay algunos seres humanos en vuestro planeta que ya sea por su avance actual o por su trayectoria en existencias pasadas se encuentran en un nivel 3,4 lo que significa, que aunque pertenecen a una dimensión de existencia bastante densa, se mueven alternativamente en un nivel de conciencia de cuarta dimensión. En otras palabras, vivencian diversas manifestaciones conscientes o inconscientes de sus facultades psíquicas, pudiendo —si se lo proponen—, ejercitar y llegar a dominar en cierta medida su percepción extrasensorial. También hay uno que otro individuo 3,5 y hasta 3,6, que como dijimos, viven unos con conciencia de vidas pasadas o actúan en consecuencia con la madurez alcanzada en ellas, y otros que se desenvuelven con una conciencia espiritual manifiesta en actitudes de verdadero compromiso con los demás.

Volviendo a la historia: Llegó el momento en que algunas de las civilizaciones lograron alcanzar un muy alto nivel de evolución, esto es, una sexta dimensión de la conciencia y de pronto no se pudo avanzar más, produciéndose como un estancamiento general, lo cual era algo terrible, por cuanto bien saben que el universo material es dinámico; y un estancamiento significaría una crisis grave, una verdadera contradicción. Esto llevó a que se produjera una especie de Concilio Cósmico entre los seres ultraterrestres, para deliberar sobre las causas y consecuencias de dicho estancamiento.

—*¿Llegó un momento en que no podían ser mejores de lo que eran? ¿Qué les impidió llegar a la séptima?*

—Ciertamente se llegó tan rápido a niveles tan altos que se perdió la perspectiva. Sobre todo porque el patrón u orientación procedía de los seres mentales, que valga la reiteración son muy mentales, los cuales no poseen la conexión vivencial con el universo espiritual (su conexión con lo espiritual es mental) y requieren aprender a través de la experimenación espiritual que puedan lograr los seres del universo material.

—*¡Los ultraterrestres nos necesitan!* (Comentario del grupo.)

—¡Todos nos necesitamos mutuamente!... El orden del universo nos enseña que hay que actuar con solidaridad y reciprocidad.

En este proceso al cual hacíamos referencia, se había logrado conectar el universo material con el mental a través del plano mental, despertando los vehículos mental superior, alma y espíritu, pero no se había llegado a conectar lo material con lo espiritual a través del séptimo vehículo que es la esencia. Por ello, las civilizaciones avanzadas llegaron a ser mentalmente espirituales pero no espiritualmente espirituales.

—*Esto nos recuerda aquello de que "no hay nadie por muy sabio que sea que no tenga algo que aprender y nadie por muy humilde que sea que no tenga algo que enseñar"... ¿Pero, podrían explicarnos en qué se había fallado realmente?*

—Durante el Concilio, uno de los ultraterrestres, también llamados "Helel" que significa "Los Resplandecientes", aportó que según su apreciación, el error cometido se debía al hecho de haber permitido que se accediese demasiado fácilmente al conocimiento, restando méritos al esfuerzo de hallarlo. Por lo mismo recomendaba que se invirtiera la figura, y se hiciese lo necesario para dificultar las cosas, introduciendo en el universo material seres mentales que colaboraran en el ocultamiento de la información y dificultaran al máximo el acceso a ésta. Estas entidades actuarían como disociadoras, separando lo que estaba unido, y creando la ilusión de la imposibilidad e inaccesibilidad hacia lo superior y trascendente. Estas entidades ustedes las conocen tradicionalmente como los demonios o diablos, a las que con el tiempo se les fueron sumando diversos tipos de espíritus, incluidos los de los muertos terrestres atrapados en el bajo astral.

El problema que se planteaba era que la entidad que sugería la modificación de las reglas de juego, consideraba que debía seguirse trabajando con las civilizaciones más avanzadas, que dependían directamente de ellos. Estos discípulos de aquellos apoderados cósmicos, merecían según su parecer, la prioridad en el proyecto de avance evolutivo, porque además, según él, les restaba muy poco para alcanzar el nivel superior más alto: "la séptima dimensión de conciencia".

Pero si bien es cierto que los demás seres ultraterrestres valoraron su aporte, no estaban de acuerdo con que se variasen las condiciones y la relación con las civilizaciones más adelantadas, lo cual podría ser percibido o interpretado como una traición por parte de los Helel; y que más bien, de buscarse y experimentar alternativas nuevas, debía trabajarse con civilizaciones que recién se hubiesen iniciado o que todavía no habían surgido, y fueran a tener un destino incierto. Por ejemplo, planetas adecuados para un desarrollo superior pero que fueran a tener una desaparición súbita.

Esta modificación no le agradó a aquel autor de la propuesta original y del diagnóstico sobre el estancamiento evolutivo, aquel que ustedes conocen legendariamente como Luzbel. Un ser ultraterrestre del universo mental, uno de los más importantes entre los Resplandecientes.

Así a aquel a quien hoy llaman "Lucifer" o "Luzbel" ("portador de luz" en la lengua latina), le disgustó la posibilidad de que civilizaciones noveles, y para él advenedizas; que no habían recibido la instrucción directa de ellos como fuente, pudiesen alcanzar rápidamente niveles muy elevados de evolución y hasta lograran encumbrarse por encima de las otras civilizaciones más antiguas. Y así manifestó entonces su descontento saboteando de diversas formas el Plan Cósmico que surgió de aquel Concilio.

*—¿Podrían darnos un ejemplo de toda esta situación?*

—Por un momento imagínense que la evolución en esta última creación es como una movilidad (un auto) de los que ustedes conducen, y que se encuentra subiendo por una cuesta, hacia lo alto de una muy empinada colina. Cuando ya les faltaba poco para alcanzar la cima y luego descender con toda facilidad, siempre y cuando los frenos y la destreza lo permitieran, la movilidad de pronto se detiene bruscamente... No restaba casi nada para llegar a la cumbre y sin embargo, el medio de locomoción se ha estropeado. Y no hay forma de echarlo a andar.

Esta es exactamente la situación: las civilizaciones más avanzadas se encuentran estancadas sin poder llegar a la cumbre, a pesar de que les falta poco. Empujar hacia arriba es imposible, y esperar a que llegue un remolque, sería como aguardar todo el tiempo que les demoró ascender hasta allí. Por ello se planteó la posibilidad de crear una alternativa mediante un experimento especial en planetas de categoría "Ur".

*—¿Qué es un planeta "Ur"?*

—En la Galaxia hay cientos de miles de millones de estrellas formando sistemas solares. La mayoría de los sistemas son binarios o trinarios, lo que significa que tienen dos o tres soles. Pocos son los sistemas de una sola estrella donde suelen surgir planetas de clase "Ur", que son conocidos por tener un aura marcadamente azul y, no sólo por el reflejo de su composición atmosférica, sino por su propia vibración, lo cual los hace ser planetas predestinados para un desarrollo espiritual superior, siempre y cuando logren superar sus agudas crisis de inestabilidad.

Sí, estos mundos son muy inestables, sujetos a una vida efímera, debido a que fácilmente entran en convulsión o atraen otros cuerpos del espacio que colisionan con ellos destruyéndolos. Pero a la vez, esta inestabilidad permite una gran biodiversidad. Por ello, suelen ser seleccionados como laboratorios de experimentación natural de nuevas formas y alternativas de vida y evolución.

La Tierra es uno de esos planetas "Ur", que fue seleccionado junto con otros mundos pertenecientes a galaxias del grupo local del que forma parte la Vía Láctea, para llevar a cabo un proyecto que consistía en tratar de crear las condiciones como para que más adelante surgieran en ellos, civilizaciones con un potencial psíquico y espiritual capaces de ubicar y abrir por sí mismos puertas entre las dimensiones, para reconectar en su momento los universos entre sí a través de las dimensiones y planos de conciencia. Para lograr lo que los otros no habían conseguido pero en un tiempo sin tiempo.

Volviendo al ejemplo anterior, imagínense que estando estancados, en vez de esperar la grúa pudieran sin perder lo alcanzado, retroceder con cuidado para que con el impulso intentaran accionar su máquina, o también el que la grúa pudiera materializarse allí mismo de manera instantánea, sin haber tenido que perder tiempo aguardando. Y es que si por un momento tratamos de visualizar la situación, veremos a la evolución como expectante de otra evolución paralela, creada al lado.

De pronto, se establece un círculo imaginario que lleva a partir del punto inicial —el lugar de estancamiento de los planetas superiores—, a trabajar durante un largo tiempo que sólo transcurre para los directamente involucrados en él (la Tierra y otros planetas Ur), para así irse cerrando poco a poco dicho círculo mientras se va creciendo en madurez y conciencia. Este retorno, que significa volver pero por sí mismos al punto de donde partió todo, habiendo en el camino, experimentado y descubierto alternativas nuevas de progreso y avance, serviría en su momento de inspiración o pauta a los observadores y promotores de dicho experimento, para llegar juntos a dar el gran paso a séptima. Al ser un hecho los viajes por el tiempo y el espacio, se pueden crear a su vez tiempos alternativos, donde se puedan barajar posibilidades nuevas y convenientes. Por ello, que no les resulte difícil pensar que uno puede saltar dentro de un tiempo que tiene forma espiral, y viajar así al pasado de mundos que se destruyeron en su proceso de formación, y que si se llegase a evitar dicha destrucción, dependiendo del momento en que se hiciese la modificación, no se estaría alterando inconvenientemente, sino que en gran medida, se estarían creando nuevas oportunidades con consecuencias muy positivas, que podrían beneficiar a muchos.

—*¿Y qué hay del destino?*

—La voluntad heredera del Creador nos permite modificar y alterar, creando nuestro propio destino.

—*¡Pero, estamos hablando del nuestro, no del de ustedes!* (Comentario del grupo.)

—Todos los destinos están interrelacionados. Y se puede modificar hasta donde se nos permite poder hacerlo. ¿Recuerdan aquello de la ética cósmica?

En el centro de este grupo local de galaxias se encuentra la nebulosa de Andrómeda, allí hay un Consejo de Galaxias. Esto es, los representantes de los consejos locales. A este Consejo Principal se le conoce como el Consejo de los Nueve de Andrómeda, y la relación entre este consejo y los consejos locales, se la conoce como la Gran Hermandad Blanca de la Estrella. Ellos mantienen una guardianía superior sobre el equilibrio de esta parte del universo.

Cuando se vino a la Tierra aún no habían seres inteligentes sobre la faz del planeta, pues se vino en el pasado.

—*Cuando vinieron ¿ese pasado ya había transcurrido para ustedes? O sea ¿ya sabían lo que venía a continuación?*

—Como bien saben, los acontecimientos no tienen necesariamente que haber transcurrido para saberse su desenlace, para esto existen capacidades psíquicas de anticipación como son la premonición y precognición. En el caso de la Tierra no sólo se sabía que el planeta iba a alcanzar un cierto desarrollo que luego quedaría trunco, sino que en real tiempo del universo el fatal desenlace ya había ocurrido.

Un detalle interesante para ustedes es que los seres más inteligentes que llegarían a surgir sin una directa intervención foránea serían los antepasados de las ballenas y los delfines; seres llenos de la magia de este mundo, que actuarían como guardianes naturales del planeta, pero sin ninguna capacidad de modificar su entorno.

El proceso quedó interrumpido cuando el planeta recibió una gran cantidad de lluvia meteórica, acabando con la mayor parte de la vida allí y dejándolo como un náufrago en los estertores de la muerte. Por ello, al intervenir los enviados, se procuró modificar las cosas como para que el planeta sobreviviera en una primera etapa a su inestabilidad y a la dinámica universal bastante agresiva. Así, una vez que surgiera vida consciente con capacidad de transformación, ésta debía luchar por su propia supervivencia tanto material como espiritual, pero siempre bajo una supervisión exterior, pendiente de los avances que se fueran alcanzando.

La Tierra como dijimos, no fue el único planeta seleccionado. Se escogieron dos planetas por galaxia de un total de cuatro galaxias. Eran ocho mundos, todos con las mismas oportunidades, y siempre, a partir de pertenecer a la categoría "Ur"; pero planetas donde el proceso de vida hubiese cesado violentamente y pudiesen hacerse las modificaciones del caso.

Si se llegaba a cumplir con el programa previsto para cada uno de esos mundos, no se estaba afectando negativamente el orden universal, por cuanto originalmente no hubiese sido; y si por cualquier motivo se interrumpía el proceso en el camino, tampoco afectaba, porque de todas formas no iba a ser. Se habían tomado todas las precauciones para que las intervenciones crearan posibles alternativas positivas y ninguna negativa.

*—¿Quiénes eran los enviados y de dónde procedían?*

—Hace miles de millones de años de los de ustedes, fueron comisionados por el Consejo de la Confederación de Mundos, para viajar a través de los pliegues cósmicos o pasos interdimensionales, un grupo de los llamados ingenieros genéticos o también "Jardineros Cósmicos". Eran seres procedentes de la Constelación del Cisne, que llegaron a vuestro mundo cuando estaban en pleno proceso de formación sus océanos. Ellos, aceleraron el proceso modificándolo, sembrando esporas y ayudando a la transformación de los océanos ácidos del planeta, en mares alcalinos.

Las naves de estos sembraderos de vida, aterrizaron en los fondos oceánicos constituyéndose en bases submarinas, y supervisando el proceso planetario. Las tripulaciones claro está, iban y venían por el espacio y el tiempo, estando así sujetas a un tiempo diferente del que se vivía en la Tierra.

Esta primera civilización asentada en vuestro planeta se la podría llamar Antártica, por haber estado ubicada su base cerca de lo que hoy por hoy corresponde al continente helado.

—*¿Podemos continuar en estos días?*

—¡Claro que sí!

El contacto continuará siempre que ustedes lo permitan y se predispongan para ello.

Con amor,

*Oxalc*

# Los sembradores del Edén

H abían pasado varios días desde que se recibiera aquel importante mensaje que venía a unir distintas recepciones, comunicados y conceptos; muchos de ellos incompletos hasta ese momento. La captación había sido contundente, habiéndonos motivado sobremanera como para repetir la reunión, y con la misma intención. Esta vez, nos encontraría apertrechados de una mayor cantidad y calidad de preguntas. Contaríamos con un cuestionario lo más completo posible, preparado entre todos, para que los guías redondearan el tema, y pudiéramos entender a cabalidad la importancia y el sentido de las informaciones, aprovechando esta vía de información directa, de primera mano y actualizada.

El mensaje anterior planteaba muchos conocimientos nuevos, pero también repasaba otros, que ya conocíamos de comunicaciones anteriores, experiencias pasadas de contacto físico, proyecciones mentales y viajes astrales. Con él, de pronto, todo se unía y adquiría una unidad maravillosa y un sentido cada vez más coherente, para entender así la verdadera profundidad del contacto extraterrestre con la humanidad.

Los guías extraterrestres habían prometido desde los comienzos del contacto, años atrás, que llegaría el tiempo en que despertaríamos a un conocimiento oculto en nosotros; o sea, que recordaríamos no sólo una programación voluntariamente adquirida, sino que también tendríamos la capacidad para atar cabos sueltos o para discernir de entre lo recibido, qué es la verdad. Dicha programación era la misión de cada uno y la colectiva, que había permitido el que nos reuniéramos y estuviésemos allí juntos.

La experiencia de tantos años nos permitía conocer los elementos propios de toda buena comunicación. Experiencia que consistía en una preparación y madurez conseguida a lo largo de los años, arriesgándonos al error y al fracaso, por las posibles falsas recepciones que nunca faltan. Preparación y conocimiento como para poder establecer ahora la anatomía propia de todo verdadero mensaje.

Como el catador de un buen vino, la experiencia había incrementado nuestra capacidad como para percibir la infiltración de mentalismos, preconceptos y hasta prejuicios que pudiesen infiltrarse en la comunicación, y así reducir al mínimo, los márgenes de error que toda recepción contiene. Y es que un buen mensaje debe cumplir con una serie de requisitos, que garantizan su buena captación y su mejor contenido.

Los requisitos para reconocer un buen mensaje, ya sea extraterrestre, de maestros ascendidos, ángeles, la Virgen María u otras entidades superiores, son:

1) *Un buen mensaje lo recibe una buena antena receptora... ¿Y quién es un buena antena receptora?:*

   *a. Una persona equilibrada y sana, física, mental y espiritualmente hablando.*

   *Si alguien no está sano físicamente, tiene su atención dispersa por su cuerpo, por lo cual no puede concentrarse; y si no puede concentrarse, no debería ni siquiera intentar canalizar. Si la persona no está sana mentalmente, es como si fuese una radio que tiene el dial malogrado, captando varias estaciones a la vez. Podríamos decir que mucha bulla y ninguna música. Y si uno no está sano espiritualmente, o sea, está en una crisis interna de fe, se encuentra vibrando bajo, por lo que de intentar tener algún tipo de contacto lo tendría con entidades bajas, siendo ello bastante peligroso.*

*b. Una persona disciplinada... Porque la disciplina fortalece la voluntad y la voluntad impide la manipulación. Y es que el gran problema que se presenta en estos temas, es que uno fácilmente puede ser víctima de la manipulación de su propia mente; o ser asechado por bajos astrales; o engañado por otras personas psíquicamente más fuertes que ella que no posean ética ni moral.*

*c. Una persona con sentido común. Alguien que sepa escoger el mejor momento y las mejores condiciones de recepción.*

*Sabemos que son las entidades superiores las que se comunican con nosotros y no nosotros con ellas, pero existe por parte nuestra, la prerrogativa para realizar la recepción en el momento que consideremos nosotros, más oportuno, o en el que nos sintamos mejor preparados, sin que esto sea una ofensa para quienes se dirigieron a nosotros para dar a través nuestro un mensaje.*

*d. Una persona que cultive la virtud de la humildad.*

*Si uno ama la verdad, debe estar abierto a la crítica de los demás y a la vez, debe desarrollar la autocrítica más sincera, planteándose siempre la posibilidad del error.*

*2) Un buen mensaje siempre es coherente y lógico... Y es que un mensaje de entidades superiores puede dar grandes aportes en pocas palabras, o en ideas muy sucintas, y con tal claridad, como cuando un adulto con inteligencia y tacto le explica algo a un niño. Por ello su sola claridad, capacidad de síntesis y coherencia son garantía de su procedencia.*

3) *Un buen mensaje es positivo y ofrece alternativas.*
*Las verdaderas revelaciones no tienen un sentido fatalista o catastrofista, sino de advertencia por cuanto las entidades superiores saben que ningún cambio sincero y maduro se produce por miedo o coacción. Si se han de producir cambios en el ser humano, estos deben ser por madurez y por amor...*

4) *Las verdaderas comunicaciones no se contradicen, sino que más bien se complementan entre sí, y siempre traen aportes nuevos.*
*Los mensajes no pueden ser sólo la repetición de informaciones conocidas.*

5) *Un mensaje real es universalista, respetuoso de todo y de todos, y es trascendente.*

6) *Todo verdadero mensaje se puede y se debe comprobar.*
*Los extraterrestres son conscientes de lo importante que es el evitar los desvaríos y los delirios, y el que no lleguemos a estas cosas por fe y menos aún, que nos mantengamos igualmente dentro del tema por fe. Porque la fe es materia de las religiones, y la fe es la seguridad de lo que no se ve. El tema ovni y contactos requiere de convicción y mucho sentido común, así como que es algo a lo que todos podemos acceder si nos disponemos para ello con algo de esfuerzo en la preparación.*
*Una típica confirmación de los mensajes es el avistamiento previa cita de una o más naves en un lugar determinado, del que sean testigos varias personas además del receptor.*

La comunicación recibida había cumplido con todos los requisitos propios de un buen mensaje, incluso se sucedieron gran cantidad de avistamientos en los días siguientes, algunos de los cuales habían sido anunciados con total exactitud y debida anticipación. Todo ello creaba alrededor de nosotros, una atmósfera de confianza y de alegría tal, como para continuar profundizando en los temas planteados a través de nuevas captaciones.

Aquella noche el número de los asistentes se había incrementado significativamente, quizá por la euforia que producía la cercanía de las naves y la continuidad de los avistamientos que poblaban las primeras planas de los periódicos en esos días. Era muy grato y estimulante ver entre la gente que tenía tiempo trabajando, grupos de jóvenes que por primera vez se acercaban, y que en sus rostros, alegres y expectantes se evidenciaba la sed que teníamos todos de conocer y comprender. Y es que todos ansiábamos encontrar tras los mensajes, pautas definidas, sencillas y claras para orientarnos en la vida, sobre todo hacia algo superior y trascendente. En este sentido, grande era la responsabilidad de los más antiguos en el tema como para no defraudar a los que venían detrás, procurando mantenernos en la línea de la ecuanimidad, fieles al mensaje, la verdad y los principios morales. La velada se nos presentaba prometedora. Había una gran alegría en el ambiente, que se traducía en la armonía de rostros sonrientes, comentarios diversos; intercambios de preguntas y datos, etc. Hasta que llegó el momento de comenzar el trabajo interno de preparación previa, para lo cual, una vez más nos colocamos en círculo e hicimos entre todos una armonización con la cúpula de protección y la gran invocación, acompañando con ejercicios de respiración.

Una vez finalizado este primer paso, aprovechamos lo nutrido de la reunión como para hacer una cadena de sanación, ya que la espiritualidad se justifica por el servicio al prójimo.

Pedí entonces a todos los asistentes que nos pusiésemos de pie, con la columna recta y los talones juntos; y que colocaran sus brazos estirados encima de la cabeza, con las palmas de las manos juntas. A continuación, debíamos todos tomar tres respiraciones lentas y profundas, imaginando con cada una de ellas, que al exhalar descendía a través de las manos y por la cabeza, una energía de luz dorada procedente del cosmos, envolviéndonos la parte superior del cuerpo.

En cada respiración el aire se inhalaba por la nariz, se retenía en los pulmones, y al exhalar uno debía sentir cómo aquella energía formaba sobre uno, una pirámide de luz dorada, cuya base quedaba a la altura de nuestra cintura.

A la segunda respiración ya debíamos ir descendiendo ambas manos siempre juntas, por delante de la cabeza y del rostro. Luego seguir bajándolas por delante de la boca, del cuello y la garganta, hasta ubicarlas delante de nuestro pecho.

Cada vez era más nítida en nuestra mente la imagen de aquella pirámide de energía, así que con la tercera respiración, fuimos separando lentamente nuestras manos que permanecían juntas. Y las fuimos ubicando poco a poco hacia los lados del cuerpo, percibiendo con ello que la energía nos envolvía y protegía.

Terminado este paso, volvimos a juntar las palmas de las manos, las invertimos colocándolas hacia abajo y relajamos nuestros brazos. Volvimos después a tomar tres respiraciones lentas y profundas, y con cada una de ellas, visualizamos, que de la tierra misma iba brotando una energía de color verde brillante que iba ascendiendo por nuestros pies y piernas, cubriendo la parte inferior de nuestro cuerpo. Paralelamente, imaginábamos que aquella energía de color verde iba surgiendo en forma de una pirámide invertida; esto es, con la base hacia arriba y la punta hacia abajo.

Poco a poco íbamos subiendo nuestras manos y brazos hacia el pecho y simultáneamente, percibíamos que ambas pirámides de energía se iban uniendo por la base, de tal manera que nos sentíamos dentro de una estructura romboidal; con la pirámide superior de color dorado y la inferior de color verde, representando la energía del Sol (mente, conciencia y sabiduría), y de la Tierra (la vida y la salud).

En ese momento pedí a todos que tomaran una nueva respiración, y que se imaginaran que ambas pirámides unidas por su base se compenetraban, formándose en nosotros una estrella de seis puntas, símbolo del equilibrio cósmico.

El siguiente paso era ahora utilizar todo ese potencial energético en un servicio de ayuda, para lo cual les pedí a los participantes, que colocaran sus manos formando un triángulo a la altura del pecho; luego, que tomaran una nueva respiración profunda, y que al exhalar sintieran cómo a través de cada una de las puntas de la estrella, se introducían en nuestro cuerpo poderosas energías del universo. A continuación, con una nueva inhalación, sugerí a todos que exhalaran extendiendo lentamente los brazos y las manos hacia adelante proyectando esa energía hacia el centro de la reunión, formándose allí una esfera de luz blanca brillante, que iba creciendo con los aportes de todos y cada uno de nosotros.

Nuevamente flexionamos los brazos, formando el triángulo en el pecho y con una nueva respiración, repetíamos el paso anterior extendiendo las manos y enviando la energía que extraíamos de nuestro pecho hacia adelante, incrementándose la esfera de luz blanca hasta ocupar la totalidad del círculo interior.

Pedí entonces, que colocaran los brazos flexionados con las palmas de las manos a la altura de los hombros; y mientras manteníamos todos una respiración rítmica, cada uno podía decir en voz alta o baja —como desease—, el nombre de algunos familiares, conocidos, amigos y aun enemigos que requirieran ayuda física, mental o espirtitual. Bastaría con que los visualizásemos y los proyectáramos en el interior de la esfera de luz, para que recibiesen los beneficios de la ayuda.

Así cada uno empezó a nombrar y proyectar las imágenes mentales de sus más allegados. Al cabo de un rato, se hizo silencio, por lo cual pedí a todos, que una vez más extendieran sus brazos y manos hacia el centro del círculo; tomaran una nueva respiración, y que al exhalar se imaginaran que descendía a través nuestro y se proyectaba simultáneamente por el pecho y nuestras manos, una energía de color violeta procedente del sol central de la galaxia; energía del fuego trasmutador; luz ésta de la mística, la devoción y la fe; energía de la alquimia, capaz de transformar y de transformarse a través de ella.

Todas y cada una de las personas por las que pedimos, recibirían los beneficios de la energía de la luz violeta.

Hasta allí la sensación era muy clara y nítida. Se percibía como un chorro de energía que ingresaba por nuestras coronillas, y se proyectaba por el pecho y las manos en dirección hacia la esfera de luz blanca, ayudando a todos cuantos la recibiesen a fortalecerse y transformarse, saliendo de cualquier proceso negativo.

Invité a continuación para que todos tomáramos una nueva respiración, y que al exhalar sintiesen cómo descendía a través de nosotros, una energía de color azul índigo; energía de la espiritualidad, que de inmediato nos envolvía por dentro y por fuera, proyectándose por el pecho y las manos hacia la esfera blanca, cubriendo a quienes estábamos ayudando, con una intensa y sentida paz espiritual, que a la vez les fortaleciera para un crecimiento espiritual frente al desaliento y el pesimismo, ayudándoles a su vez a recuperar con confianza una actividad positiva frente a la vida.

A continuación vino mi pedido de una tercera respiración, para canalizar la energía de la luz azul-celeste aguamarina; energía relacionada con el poder del verbo, que es la magia creadora del sonido. La idea era sentir dicha energía descendiendo a través de nosotros, mientras exhalábamos; y orientarla en dirección hacia quienes eran motivo de dicha cadena, cubriéndolos completamente. Simultáneamente decretamos: —¡Que la paz, la salud, la abundancia, el equilibrio y la armonía envuelvan a todas y cada una de las personas por las que hemos pedido!...

Una cuarta respiración, nos debía encontrar manteniendo los brazos extendidos. Al exhalar nos permitimos visualizar que descendía en medio de nosotros una energía de color verde brillante, luz ésta de sanación, de amor a la vida y de respeto a la vida; energía de salud, equilibrio y esperanza.

De tal manera vivíamos lo que hacíamos, que al exhalar procurábamos proyectar con todas nuestras fuerzas dicha energía hacia el frente, ayudando a restaurar la salud en todos aquellos por quienes pedimos.

Una quinta inhalación nos permitió sentirnos inundados de otra energía. Esta vez, era una energía de luz dorada, que penetraba por nuestras cabezas, y que al exhalar se difundía desde nuestro interior por las manos, irradiando hacia el centro de la reunión con gran fuerza: poder mental, conciencia espiritual y lucidez. Esta luz nos envolvía a todos pero especialmente a aquellos por los que habíamos pedido, fortaleciéndolos en la parte mental, como para ayudarlos a superar cualquier situación.

Con una nueva y sexta respiración, nos imaginamos que arribaba a nosotros una luz de color naranja brillante, que simboliza la fuerza de la voluntad, el carácter y una personalidad positiva. Por lo cual, al exhalar, visualizamos que dicha luz se proyectaba a través de nosotros hacia el interior del círculo, fortaleciendo la voluntad de todos aquellos por los que estábamos pidiendo.

Pedí finalmente que tomáramos todos una séptima respiración lenta y profunda, de tal manera que sintiésemos todos cómo descendía a través de nosotros una energía de color rojo brillante, que entraba por nuestra coronilla y bajaba por toda la columna vertebral, concentrándose especialmente en el pecho, desde donde se proyectaba hacia el centro de la reunión. Esta luz, que también fluía por nuestras manos envolvía en amor a todas aquellas personas por las que estábamos intercediendo. Y es que el color rojo junto con el rosado son los colores de la solidaridad, de la hermandad y del amor.

Para terminar, pedí a todos que flexionáramos los brazos y nuevamente colocáramos las manos formando un triángulo a la altura del pecho. Tomamos una nueva respiración, retuvimos y al exhalar imaginamos que la estrella de seis puntas que nos envolvía, se iba reduciendo poco a poco de tamaño; pero a la vez iba creciendo en intensidad, ocupando el lugar del triángulo formado con nuestras manos en el pecho. Por una vez más, repetimos el paso anterior, afianzando la estrella del equilibrio en nuestro interior y visualizando delante de nosotros, la esfera de luz blanca brillante, rodeada de un arco iris armónico de colores hermosos.

Con una tercera respiración extendimos por última vez nuestros brazos y manos hacia adelante, apuntando al centro de la reunión; y lo fuimos haciendo muy despacio, como si extrajéramos la estrella de nuestro interior y la enviásemos hacia la esfera blanca. Inmediatamente visualizamos que la esfera incrementaba su energía con el aporte de las estrellas de cada uno de nosotros, llegando a cubrir a todos los reunidos allí, al lugar donde nos hallamos, la ciudad, el país, el continente y todo el planeta, recibiendo todos por igual los beneficios de esta cadena de sanación.

Terminamos el ejercicio cruzando las manos a la altura del pecho, y dando gracias al Profundo Amor de la Conciencia Cósmica, por la oportunidad que se nos brindaba de ayudar... Y es que toda cadena de sanación es provechosa, porque no sólo permite canalizar sin más límites que los que permite nuestra fe y amor a la humanidad, las energías del universo, sino porque también va desarrollando nuestros potenciales internos.

Podemos y debemos intervenir en toda ayuda que podamos y que se nos solicite, pero siempre conscientes de que los resultados no están en nuestras manos, debido a que aún desconocemos las razones o leyes que están detrás de cualquier situación, de tal manera que lo que en algún momento pudiese ser interpretado como un castigo, bien podría ser una purificación, una expiación o un aprendizaje. Pero es bueno saber que la sola intervención siempre trae consecuencias positivas, que muchas veces hay que saberlas ver.

La energía canalizada por un colectivo amplifica los resultados positivos; pero más que el número de personas que intervienen, es la fe y la convicción la que inspira al que ayuda y da confianza al que la recibe.

Para realizar una ayuda no necesariamente la persona por la que se pide tiene que estar presente, ni tiene que estar avisada, porque la mente creadora no conoce límites ni distancias. Y es que bastaría que un pariente cercano o amigo fuese consciente del proceso, pudiendo servir de puente para canalizar dicho servicio.

Técnicas de curación a distancia hay muchas, como las hay de imposición de manos y hasta de autocuración; pero lo más importante es recordar que la clave siempre es la actitud mental positiva, y no necesariamente la forma o la técnica. Por ello evitemos ritualizar, aunque nunca está de más el que juguemos un poco con las formas, usándolas con imaginación creativa. Porque si uno cree lo que hace, consigue lo que busca, pero si no lo cree, de nada le sirve utilizar fórmulas exóticas.

Terminado el trabajo de la cadena, nos sentamos todos cómodamente, procurando la posición de meditación. A continuación hicimos una práctica de vocalizaciones continuadas, de tal manera que los asistentes nos dividimos en tres grupos, uno de los cuales empezó a mantralizar la palabra OM y a la mitad de dicho canto se añadió otro de los grupos, y finalmente se sumó el siguiente, retomando el primero, y así todos intervenían en distintos tiempos de tal manera que la vocalización no terminaba sino que continuaba ininterrumpidamente.

Estuvimos unos quince minutos mantralizando hasta que poco a poco fuimos haciendo silencio, y la sensación que vino a continuación era que el OM seguía como si fuese un eco, pero dentro de nosotros. Quedamos pues todos en silencio relajados, y el siguiente paso fue la meditación mental del ¿quién soy yo? Todo esto continuó hasta que nuevamente se dieron los síntomas de la recepción de comunicación. En ese momento, a más de uno se nos presentó en la mente, la imagen de uno o dos ojos rasgados que nos observaban, como si aquello fuese un patrón de sintonía que anticipaba la inminencia del contacto. Luego llegó la ansiedad o necesidad compulsiva de tomar el lápiz y el papel, para transcribir lo que vertiginosamente llegaba a la mente.

Una vez establecida la conexión, aprovechamos cada uno de los que allí nos sentíamos en condiciones de comunicar, como para plantear mentalmente la nuevas preguntas, elaboradas durante la semana, y que habíamos copiado todos en blancas hojas de papel.

El diálogo que se estableció más o menos fue así:

—Sí, Oxalc nuevamente en contacto con ustedes.

—*Quisiéramos profundizar los conceptos vertidos anteriormente, ¿es eso posible?*

—Estamos captando sus inquietudes y nos parecen adecuadas.

Me encuentro cerca de la zona donde se hallan reunidos. Estamos en una de nuestras naves que está de paso hacia una de las bases submarinas frente a vuestras costas, en las profundidades del mar. Nuestra tecnología permite que grandes naves base o nodrizas, como las llaman ustedes, aterricen en los fondos oceánicos, y desde allí puedan soltar las naves de exploración e investigación, que son las de corto alcance.

—*¿Hay alguna razón para que tengan esas bases submarinas?*

—Procuramos evitar el conflicto con los gobiernos de las grandes naciones de vuestro mundo. Allí en las zonas abisales, no somos detectados por los satélites espías y militares, y no podemos ser agredidos por vuestros submarinos nucleares, algunos de los cuales, lamentablemente han naufragado persiguiéndonos, no pudiendo resistir las grandes presiones del fondo marino.

—*¿Ustedes hacen rescates en casos como esos?*

—Siempre que las condiciones lo permitan, sí.

—*¿Qué hacen allí en sus bases? ¿Cómo viven?*

—La vida en una base nunca es algo normal, pero se puede sobrellevar cuando uno tiene conciencia del por qué está en ese lugar y para qué ha sido convocado allí. Ser un autoseleccionado significa tener clara la misión personal y colectiva, así como el papel a desarrollar. En nosotros abunda la mística, como la que hay en muchos de los monasterios de las diversas religiones de la Tierra. Por lo que estar aquí, venir y volver, una y otra vez, es un compromiso libremente asumido de crecimiento y aprendizaje para nosotros. Tiene su sacrificio, pero sabemos las consecuencias positivas que para todos puede llegar a tener el que estemos cerca para guiar y a la vez aprender.

—*¿Qué pueden aprender de nosotros?*

—¿Qué puede aprender el hombre conociendo su propia realidad interior?... ¿Cuánto puede crecer y madurar un individuo viéndose reflejado en los demás?... Ves a un niño igual que a un anciano y te estarás viendo a ti mismo en las distintas facetas de la evolución. Ustedes son para nosotros, nuestro pasado como civilización pero a la vez nuestro futuro como espiritualidad, ya que nosotros nos estancamos, quedándonos un poco más allá de la mitad del camino. Viéndolos, se observa entonces el proceso de la vida y la necesidad de encontrarle sentido a la existencia; y se comprende lo frágil que puede ser la vida cuando uno no se posee a sí mismo. Por eso estando cerca de ustedes estamos aprendiendo cuán lejos y a la vez cerca se puede estar de alcanzar grandes cimas o desbarrancarse en tenebrosos precipicios, si uno no mantiene la vista dirigida hacia la meta y a la vez en cada paso a darse por el abrupto camino; porque uno mismo debe tratar de hallar los estímulos del propio caminar.

En nuestras bases vivimos en comunidad, pero cuando realmente hacemos comunidad es cuando nos dejamos contagiar del espíritu planetario y quedamos tan pendientes de vuestros logros y caídas, que nos dejamos conmover recuperando sentimientos y emociones que nos enternecen, afectando algunas veces nuestra objetividad y nuestra bien ganada y evolucionada paz interior... Sí, nos dejamos afectar por muchas cosas que ustedes están viviendo para así conocerlos mejor, y también comprender sus posibilidades y las nuestras a vuestro lado.

—*¡Bien!... Ahora vayamos al cuestionario preparado para esta ocasión. Ustedes dijeron que la Tierra era un proyecto, ¿cómo fue evolucionando dicho proyecto? ¿Pueden continuar con la historia?*

—Para que vayan recordando les iremos soltando elementos que podrán ayudarlos a armar el rompecabezas que tienen entre manos y que les permitirá al final comprender la gran misión que posee la humanidad de este mundo.

—*¿Cómo es eso de que "cuando vayan recordando"? ¿Recordar qué?*

—El contacto con nosotros se mantiene más allá del consciente. Cada vez que ustedes sueñan se desdoblan, separándose de su vehículo físico y viviendo experiencias en el plano astral, donde nos encontramos con ustedes y a la vez ustedes con mucha gente, para afianzar lo recibido, compartir cosas nuevas acelerando procesos y programar futuros encuentros. Además, en muchas de sus salidas al campo, ustedes por la intensidad de las vivencias han perdido la conciencia y el recuerdo de ciertas experiencias. ¿Es que acaso no han constatado en más de una ocasión de regreso de las salidas a terreno, la sensación de un tiempo perdido?

—*¿A qué se refieren con "un tiempo perdido"?*

—Hagan memoria y podrán cotejar que en sus relojes no correspondía el tiempo transcurrido con el recuerdo y las sensaciones de vivencias experimentadas. Y es que muchas de las experiencias son demasiado fuertes, y al no estar lo suficientemente preparados para guardar conciencia de ellas, surgen los mecanismos de defensa de vuestra propia mente, que los llevan a ocultarlas hasta que se alcance la madurez necesaria para recordar. Llegado el tiempo surgen los mecanismos activadores de toda esa información; estos activadores pueden ser números, símbolos o situaciones diversas que funcionan como un reloj despertador al que uno mismo se ha programado.

—*¿Quiénes eran los que ustedes llaman como los Padres Antiguos?*

—Les habíamos dicho anteriormente que los Padres Antiguos de la vida en el planeta, fueron un grupo de seres venidos de la Constelación del Cisne, ellos se instalaron en bases submarinas y supervisaron el desarrollo planetario hasta que llegó el momento de ser reemplazados por un grupo de Guardianes y Vigilantes. Este contingente de reemplazo llegó en lo que ustedes conocen como Era Mesozoica o Secundaria, hace millones de años de los de ustedes. Era la época en que los dinosaurios poblaban la faz de la Tierra.

Debido a la inestabilidad del planeta se ubicaron los visitantes en una área de lo que hoy correspondería al extremo norte de Europa, llamando a aquel lugar "Tule", asiento de la civilización de los Hiperbóreos, quienes eran gigantes en comparación con la estatura media del ser humano actual, pues medían más de tres metros de altura. Su constitución física y energética les permitía soportar las intensas radiaciones que emitía la actividad volcánica.

Pero la dinámica cósmica no pudo ser revertida, a pesar de las variaciones que supusieron la intervención; y hace unos sesenta y cinco millones de años, la Tierra atrajo sobre sí el inevitable impacto de lluvia meteórica, sumergiendo al planeta en terribles terremotos, inundaciones, nubes de polvo y gases... El colapso planetario fue tal, que acabó con la mayor parte de la megaflora y la megafauna.

Poco antes de que esto pasara, los hiperbóreos sabiendo del desenlace fatal que se acercaba, empezaron a organizar la evacuación. Pero todo se aceleró por el mismo proceso al que estaba sujeto el planeta, lo cual llevó de emergencia a aperturar una puerta dimensional en el extremo norte del mundo, por la que lograron fugar los remanentes que no pudieron huir de otra manera.

—*¿Será esa la explicación de por qué a comienzos de siglo, el almirante Bird de la armada de los Estados Unidos sobrevolando el polo norte avistó zonas con selvas tropicales, actividad volcánica y hasta animales prehistóricos?... Algunos han creído ver en ello la existencia de vida dentro de la Tierra, como si el planeta fuera hueco.*

—Ciertamente lo que allí ocurre es que la puerta abierta en el espacio y en el tiempo, actúa para quienes se acercan a ella ahora, como una ventana hacia otra época, y permite vislumbrar cómo era el planeta hace tantos millones de años. Pero esto no significa que la Tierra sea hueca, que de hecho no lo es. Lo que sí es cierto, es que está atravesada por una red de túneles y galerías pero sólo en la corteza que flota sobre el manto, y que es bastante delgada en relación con el volumen del mundo. Esos túneles han sido conocidos y transitados desde la antigüedad por muchos pueblos antiguos. Allí recibieron instrucción los antepasados de los aztecas y los incas; y fue lugar de refugio para otros pueblos como los mayas.

—*¿Qué hubiese pasado si no se hubiese producido el impacto de ese gran meteorito?*

—Originalmente la Tierra iba a desaparecer totalmente producto de dicho impacto, pero se pensó que interviniendo podría evitarse, y así se llevó a cabo el proyecto hasta que ocurrió lo ya mencionado, lo que hizo pensar que las energías planetarias llevaban a una destrucción inexorable, lo cual hizo descartarla del proceso.

Pero si no se hubiese producido la destrucción, los reptiles habrían evolucionado hasta desarrollar niveles de inteligencia comparables a los del hombre actual o quizá superiores, repitiendo formas de vida que se encuentran dispersas en esta galaxia, como es el caso de algunos planetas en lo que ustedes conocen como la constelación de Orión, donde tienen aspecto reptiloide.

Hace millones de años de los de ustedes, vuestro mundo quedó allí, solo y abandonado a su suerte; un mundo envuelto en las tinieblas de sus propias convulsiones, en medio de las cuales se retorcía como un indefenso animalito desamparado, condenado a muerte por la naturaleza.

Como habían sido ocho los planetas programados para el proyecto, el descartar uno no resultaba significativo, por lo que se continuó trabajando con los otros siete. Pero más adelante se repitieron problemas similares con otros tres más, llegando al punto en que a pesar de los cuidados dispensados se destruyeron estos totalmente, sin dejar en la actualidad restos visibles de ellos. Esto obligó a un trabajo más concienzudo con los cuatro sobrevivientes.

Cuando los otros tres planetas se destruyeron, y se pensó en lo peligroso que era la rápida reducción de posibilidades, alguien de las altas jerarquías hizo recapacitar sobre el caso de la Tierra, donde la destrucción se había atenuado, y por lo tanto existía la conveniencia de darle una segunda oportunidad. El planeta no sólo continuaba en su lugar, sino que por sí mismo se estaba recuperando de la gran destrucción, ingresando prometedoramente en una nueva etapa que ustedes conocen como la Era Terciaria, con vida adaptada por la propia naturaleza a las condiciones imperantes.

Se dieron cuenta de que se habían apresurado en descartar a un participante, por lo que de inmediato se dispuso que un grupo de siete Ingenieros Genéticos o también llamados Sembradores de Vida viniesen y procuraran acelerar el proceso, recuperando el tiempo transcurrido y nivelando los avances para equipararlo con el de los otros.

Llegado el momento la nave laboratorio descendió en un punto de la actual Africa y allí se hicieron modificaciones genéticas sobre ciertos mamíferos, y posteriormente sobre ciertos antropoides, lográndose a través de una hembra, la modificación necesaria que determinó la aparición del género humano sobre la superficie del planeta.

—*¿Todo lo que se menciona en nuestros libros sagrados sobre la intervención divina es metafórico y simbólico?*

—La materia prima para la aparición de la vida planetaria fue tomada del propio mundo; y aunque se puedan crear o programar cuerpos, nosotros no podemos programar espíritus, pues ello viene dispuesto de altas esferas espirituales. Al final de cuentas el Padre-Madre Dios actúa a través de intermediarios; y esa intermediación la realizamos todos en algún momento dentro de nuestras aparentes limitaciones, y a veces a diario.

Dentro de la nave laboratorio fueron introducidas varias parejas, y a todos se les instruyó dentro de sus posibilidades de comprensión de los pasos que debían seguir en su proceso de crecimiento y madurez, así como se les enseñó para que se alimentasen fundamentalmente de vegetales, frutos y frutas, y que usasen a discreción ciertas plantas con fines medicinales; pero por ningún motivo debían de consumir ciertas plantas con propiedades alucinógenas. Estas podrían producir un efecto negativo de sobreestimulación y despertar violento de facultades psíquicas, las cuales debían irse activando normalmente solas de manera gradual. Un consumo inapropiado de dichas plantas aceleraría un proceso de destrucción celular de las neuronas del cerebro, iniciándose un proceso de destrucción celular y de muerte, bloqueando toda posibilidad de desarrollo futuro de dichas facultades de forma natural y controlada.

—*¿Y por qué entonces los chamanes, brujos o hechiceros utilizan indiscriminadamente dichas plantas?*

—El mundo de ustedes actualmente está en búsqueda, pero de manera confusa. No saben lo que buscan, ni lo que pueden hallar; y menos aún están dispuestos a encontrar a través de la vía del trabajo interno que puede ordenar sus ideas, aclarándoles la ruta y el motivo del viaje de la vida. Más bien buscan atajos y nuevas sensaciones; emoción y no comprensión; sensación y no entendimiento; poder sobre todo y todos, y no autodominio.

Los verdaderos chamanes o hombres santos de los mal llamados pueblos primitivos, son conscientes de que su vida es un oficio sagrado, un sacrificio en beneficio de su colectividad, de la que son guardianes físicos, psíquicos y espirituales. Ellos saben de lo dañino que resulta el consumo de ciertas plantas, así como del perjuicio y riesgo que acarrea el uso para ellos como individuos, pues supone también una transacción con los elementales de la naturaleza. Pero lo hacen por el amor a la tribu, de la que terminan convirtiéndose en sus ojos y oídos; en sus protectores, sanadores y curanderos.

Esta mística no la comprenden los hombres de la cultura occidental, que como niños sólo buscan neciamente nuevas experiencias sin disposición a un compromiso interno. Y es que un verdadero chamán no suele inducir a su gente a consumir las plantas sagradas, sino que más bien las usa él a sabiendas que ello lo perjudicará, pero a su vez beneficiará al colectivo. Esta mística viene siendo transmitida de padres a hijos, de generación en generación.

—*¿Cómo pueden saber tanto de nuestras costumbres y actitudes, de nuestro folklore y cultura?*

—Se olvidan que venimos observándolos desde sus inicios, y hemos acompañado el auge y caída de muchas culturas y civilizaciones, que se han venido sucediendo de sobre la faz de la Tierra.

—*¿Qué nos pueden decir sobre los malos chamanes, de los hechiceros, brujos o magos?*

—En un mundo como el de ustedes, la dualidad está presente en todo, y el peligro de ser atraído por las fuerzas negativas, o ser víctima del poder despertado es muy grande. Si uno no se protege adecuadamente puede ser fácilmente agredido e invadido en su profunda intimidad por aquellas entidades que se encuentran atrapadas en el bajo astral, que es la dimensión frontera con el mundo físico, y donde van o se quedan los que no pueden trascender a la hora de la muerte.

Las plantas alucinógenas y aquellas que crean adicción, como el propio tabaco, perforan el aura, debilitando vuestra protección, y dando paso a la asechanza.

—*¿Y nuestros antepasados respetaron las restricciones, o es como dice la Biblia, que nos dejamos seducir tan fácilmente?*

—Ellos sí respetaron las restricciones, pero no se había calculado el que pudiese producirse un sabotaje desde dentro del proyecto, por parte de los propios sembradores. Y es que uno de ellos, llamado "Gadreel", leal seguidor del ultraterrestre Lucifer, se reunió aparte y en secreto con vuestros antepasados, variando las instrucciones y recomendando el consumo de aquellas plantas. Y fue por la confianza inocente, que sus antecesores cometieron la transgresión a las directivas del programa, lo cual complicó todo.

Se habían organizado las cosas de una manera tendenciosa, como para que aparecieran los terrestres como autores directos de su propio tropiezo, por lo que los demás sembradores no relacionaron el error con el verdadero promotor sino que de inmediato juzgaron el peligro que suponía seguir trabajando con seres tan impredecibles y curiosos, por lo que se dispuso la cancelación del proyecto en la Tierra, y así por segunda vez, este mundo fue apartado del programa.

—*¿Cómo puede ser que seres tan avanzados y tan elevados puedan actuar de semejante forma? Nos cuesta creerlo.*

—El mayor avance no es garantía de nada. Si subes en una escalera, cuanto más alto llegas, más te aferras a ella y con cuidado continúas ascendiendo; pero si te caes, la caída no es lo mismo si ocurre desde el último escalón o del primero. Y es que cuando los seres ultraterrestres entran en conexión directa con el universo material, se dejan afectar por las contradicciones de este plano material, cargado de emociones y sentimientos de los que ellos originalmente están ajenos, pero no inmunes. Peor es el caso de quienes como ustedes pertenecemos al mismo universo, nuestro comportamiento puede llegar a ser tan o más contradictorio que el vuestro. No es tan fácil que se dé, pero puede ocurrir. '

—*¿Pero entonces en quién podemos confiar?*

—Sólo en ustedes mismos y en el Creador, que estimulará en vuestro interior los mecanismos que les permitan detectar la buena o mala intención de cuantos se os acercan. Confíen en vuestra intuición e incrementen su fortaleza interna a través de una preparación integral física, mental y espiritual, lo cual les permitirá recibir y canalizar energías extraordinarias que actualmente están llegando al planeta.

—*Consideramos que de ahora en adelante podremos prescindir del cuestionario de preguntas que teníamos preparado, y más bien introducir nuestras inquietudes e interrogantes sobre la marcha, a medida que el relato lo permita. ¿Eso estaría bien?*

—Preparen sus preguntas, pero no se limiten sólo a ellas. Dejen que fluya en ustedes la inquietud por preguntar y conocer.

—*¿Qué fue de nuestros antepasados?*

—Fueron arrojados de la nave laboratorio, y una vez fuera, empezaron a hibridarse con aquellos que no estuvieron sujetos al experimento. Esta primera raza originaria del planeta fue la raza negra o también llamada Lemuriana, extendiéndose por Africa, Asia y Oceanía.

—*Si la raza negra es oriunda de la Tierra, ¿de dónde surgieron las otras razas?*

—La humanidad en la Tierra ha sido el resultado de diversas intervenciones foráneas a lo largo de toda su historia y en diferentes momentos; como ya os lo dijimos antes, aquí han habido: experimentos genéticos, hibridación y mestizaje, naufragios estelares, colinas y hasta deportación de ciertos seres a vuestro mundo.

—*Sentimos que ha sido mucha información durante esta noche, por lo que quizá debamos continuar en la próxima reunión. Gracias por todas sus revelaciones, las cuales trataremos de asimilar.*

Y así terminó en aquella velada, la recepción de esos importantes mensajes extraterrestres, quedándonos todos los asistentes comentando lo captado, y compartiendo a continuación un reconfortante refrigerio preparado con mucho amor por mi esposa Marinita, con la colaboración de algunas viandas traídas por algunos de los asistentes, hasta que lo tarde de la hora nos hizo despedirnos y retirarnos cada uno a su casa.

# El libro de los vigilantes

*L*os días transcurrieron rápidamente y el grupo leía y releía las comunicaciones recibidas durante las meditaciones semanales, dialogando y reflexionando en la profundidad de las palabras y de los conceptos vertidos.

Llegó entonces la oportunidad de hacer una salida al desierto para realizar cadenas de irradiación al planeta con concentraciones y meditaciones diversas. Las prácticas y la ambientación favorecían la introspección, lo que nos sirvió como para concientizarnos sobre la importancia de todo cuanto se nos estaba trasmitiendo, así como para darnos valor para encarar las consecuencias de esta tremenda confrontación con nuestras creencias, inculcadas en su momento por nuestros padres y educadores con la mejor buena intención.

De un momento a otro todo lo que sabíamos y conocíamos que había sido recibido desde nuestros primeros años con suma confianza, se tambaleaba peligrosamente exigiéndonos un replanteamiento general para volver a empezar. Esto significaba dejar que todo cayera desde su condición de verdad absoluta como para abrirnos a otras alternativas, con el riesgo subsiguiente de llegar a percibir todo diferente y desde una óptica distinta.

Todos los miembros del grupo habíamos sido formados en una sociedad heredera de arraigadas tradiciones, y los nuevos descubrimientos así como nuestras experiencias, estaban poniendo a prueba los conocimientos imperantes en el momento, en el entorno cultural científico; desde ya bastante estrecho y dogmático.

Una nueva reunión de grupo en un ambiente ideal como era Chilca, bajo la luz de las estrellas y entre altos cerros rocosos que dibujaban su silueta contra el cielo, creaba el clima como para meditar y retomar el hilo de la información. Así, en lo más profundo del trabajo grupal, nuevamente sentimos la cercanía de los guías, captando de inmediato los mensajes que nos impulsaban a transcribir lo que venía con fuerza a nuestras mentes.

—Sí, Oxalc, en contacto con ustedes.

—*¿Cómo continúa la historia después de que se marcharon de la Tierra los ingenieros genéticos?*

—El desarrollo humano siguió un proceso silvestre y espontáneo por cientos y miles de años de los de ustedes, hasta que un grupo de guardianes y vigilantes fueron enviados a custodiar el planeta. Esto ocurrió hace unos veinticinco mil años de vuestro tiempo.

—*¿Por qué volvieron?*

—Como les decíamos: habían otros siete planetas involucrados en el proyecto. Como tres se destruyeron totalmente y además la Tierra fue apartada y descartada del proceso, se puso especial cuidado en que los cuatro restantes no se desviaran ni se perdiera el control sobre ellos, por lo que al final la excesiva intervención produjo planetas con procesos idénticos a los ya conocidos, sin posibilidad alguna de variación. El resultado obtenido hacía pensar de que el proyecto estaba condenado al fracaso. Fue entonces cuando alguien sugirió que nuevamente se volviesen los ojos sobre el planeta Tierra, donde a pesar de haberse perdido el control sobre el experimento, el planeta había sobrevivido a su inestabilidad y, su situación se acercaba en mucho al ideal propuesto al inicio del Plan Cósmico, pues se estaban creando las condiciones adecuadas como para que surgiera una civilización original, bajo procesos nuevos y con alternativas diferentes; variaciones convenientes para restaurar la dinámica interrumpida de la evolución de las conciencias.

Había surgido el lugar adecuado para observar y aprender; el terreno fértil como para ensayar y encontrar nuevas propuestas... ¡Y ese era la Tierra!

—*¿Quiénes vinieron?*

—Fueron comisionadas varias civilizaciones procedentes de lo que ustedes conocen como las constelaciones de Orión y la Pléyades, para que se acercaran en calidad de guardianes y vigilantes. El jefe del proyecto por parte de los oriones se llamaba Satanel, que era un ser de este universo material en que vivimos; un extraterrestre, al que no deben confundir con el ya mencionado anteriormente Lucifer, que es uno de los resplandecientes o ultraterrestres del universo mental.

Satanel, Satán o Satanás llamado en vuestras escrituras sagradas y tradiciones como el adversario o el acechador, era un leal seguidor de Luzbel o Lucifer o Lug; por lo que siguiendo sus directivas, en determinado momento influenció sobre sus compañeros como para tratar de impedir que el proyecto continuase, alegando de que ustedes eran peligrosamente impredecibles, por lo que podían poner en peligro la seguridad del orden establecido. Por tanto, sería —según su consideración—, hasta recomendable por el bien general, anular o acabar con vuestro tiempo y existencia.

—*¿Cómo es eso de acabar con nuestro tiempo?*

—Recuerdan que les habíamos dicho que para llevar a cabo el proyecto hubo que modificar el futuro nefasto que se esperaba en mundos como el suyo, condenados a destruirse. Por lo cual se viajó a través de puertas dimensionales al pasado de vuestro planeta, interviniendo de tal manera que las variantes trajeran consigo modificaciones que pudiesen asegurar una más larga supervivencia. Con ello se creó un tiempo nuevo, desfasado del real tiempo del universo, donde se pudiese experimentar ampliamente, hasta que las condiciones permitiesen integrar ambos tiempos, y los beneficios alcanzados sirviesen de impulso evolutivo a los planetas más avanzados.

En el caso de que las cosas saliesen mal y se perdiese inconvenientemente el control de los acontecimientos, se podría llegar a interrumpir el proceso de inmediato.

—*¿Llegarían a destruirnos?... Entonces, ¿por qué no nos destruyeron en la primera oportunidad en que las cosas fallaron aquí? Es preocupante contemplar la frialdad de tales planteamientos y hasta la ausencia de amor en todo esto.*

—Pensamos que por sí mismos no sobrevivirían, y nos equivocamos. El planeta Tierra ha demostrado poseer un espíritu propio muy especial. Y aunque les sea difícil de creer, los hemos subestimado, y han resultado más fuertes de lo que habíamos imaginado. Aunque nuestra percepción es muy grande, no lo percibimos todo ni somos infalibles; sobre todo cuando hay tantas variables. Es entonces que percibimos posibilidades e interpretamos de acuerdo a ellas. Y siempre hay alguna que se había descartado y se materializa, o surge alguna que no se había previsto, y que al final es la que se aplica o resulta siendo la adecuada. Así que no es cierto de que todo lo abarquemos y lo controlemos. Ello es más bien propio de una sobrevaloración que hacen ustedes de nosotros, porque recién nos están empezando a conocer en profundidad; y aún no terminan de conocerse a ustedes mismos.

Con relación a lo otro, recuerden que por nuestra formación, nosotros priorizamos el bien común; y si éste se ve vulnerado de tal manera de que requiere el sacrificio de alguien, las decisiones se toman drásticamente sin sentimientos de culpa. Y esto es amor para nosotros: cuando anteponemos el bien común al interés individual o de una minoría.

—*¿Pero quiénes cuidan de las intenciones de los que viajan por el tiempo y el espacio haciendo estas modificaciones? ¿Quién dice finalmente qué es bueno y qué es malo?*

—Hay miembros de los consejos regentes de las galaxias con conocimiento, sabiduría y poder para cuidar y anticiparse a estas intervenciones; y en última instancia, existen seres del universo mental que actúan de guardianes del tiempo para que no se cometan excesos ni se ponga en peligro la existencia del universo material. Pero más adelante, con la madurez que vayan alcanzando entenderán que hay cosas aparentemente malas o negativas que pueden resultar convenientes en el proceso general.

—*¿Pero aún así ha habido errores?*

—¡Sí los ha habido!... y bastante graves. Hoy podemos ver los resultados de todo ello. Pero, como dijimos antes, la paradoja que esto permite —sin que querramos justificar nada—, es que gracias a ello la humanidad de la Tierra posee la oportunidad privilegiada de llegar rápidamente a niveles de evolución más altos que cualesquiera de las otras civilizaciones, o también la de desaparecer en su intento. Y esto, por la fuerte oposición que desde dentro tiene que enfrentar; porque cuanta mayor sea la dificultad que encuentren en el camino, tanto más importante el papel que les está tocando jugar en todo esto.

Muchos de ustedes creen que somos sólo seres de luz, perfectos, sin errores; y eso no es cierto. Recién estamos entendiendo y aprendiendo a controlar el grado de afectación que nos supone estar en estrecho contacto con dimensiones de conciencia menores. Pero ciertamente lo de Satanel fue un desastre, así como también lo que se produjo a continuación.

—*¿Qué pasó?*

—Satanel planeó lo que ustedes llamarían un boicot al proyecto; y al fracasar esto, tomó como medida extrema la insurrección o revuelta, a la que se plegaron algunos de los oriones y contingentes de otras civilizaciones, entre ellas los de Zeta Reticuli en la Osa Mayor. Fue entonces como de una oposición teórica y manifestada en opiniones divergentes, se pasó a una acción radical violenta de rebeldía.

—*¡Es la guerra de los ángeles de la que hablan nuestras sagradas escrituras!... ¡Y el motivo de la lucha éramos nosotros, caramba!*

—¡Ciertamente!... Y los ecos de aquella disidencia que llegó a tener alcances de una verdadera guerra de galaxias, aún resuenan en el cosmos.

La guerra fue ganada por la Confederación de Mundos y la Gran Hermandad Blanca de la Estrella, por lo que los líderes de la revuelta fueron sometidos y obligados a tener que descender en la Tierra, en calidad de deportados, viéndose en la obligación de trabajar por la evolución planetaria para elevar el nivel vibratorio y así poder reencarnar en este mundo.

—*Si no hemos entendido mal, esto significa que al final, "por la razón o la fuerza" fueron obligados a venir aquí en calidad de trabajos forzados.*

—Es cierto que vinieron contra su voluntad, y lamentablemente con el pasar de los años no sólo no ayudaron a que evolucionara el planeta, sino que desde un inicio, se las ingeniaron para tratar de perjudicar el proceso. Ellos, acostumbrados a vivir miles de años en proporción a lo que viven ustedes, quedaron sujetos a un ritmo de envejecimiento acelerado, por lo que tenían que actuar rápidamente.

—*¿Pero en la situación de que ellos murieran aquí, acaso su ciclo de encarnaciones no está sujeto a sus planetas de origen, ya que ese es su plano vibratorio y evolutivo?*

—Vemos que han aprendido bien las enseñanzas que anteriormente les hemos transmitido... Es exactamente así como han dicho... Precisamente, para asegurarse de que en el caso de que muriesen en la Tierra, los deportados no pudiesen marcharse sin haber realizado antes su misión positiva, se dejaron en ciertas regiones del mundo, unos cristales piramidales de un color verde brillante que los retienen al planeta, impidiendo reencarnar fuera.

—*¡Qué curioso!... Esto nos hace recordar la "kriptonita de Superman", un personaje extraterrestre de las tiras cómicas, sobreviviente de un planeta destruido que asume la responsabilidad de ayudarnos y hasta trabaja con cristales. ¿Será acaso que hasta ha habido inspiración o conocimiento previo sobre el tema en dichas publicaciones?*

—Mucha gente que se encuentra vinculada a medios de comunicación en la Tierra está recibiendo inspiración consciente o inconsciente de los mensajes que trasmitimos.

Les repetimos que en el caso de que los deportados quisieran seguir su proceso de evolución, necesariamente tendrían que reencarnar en la Tierra, y para ello, tendrían que ayudar a elevar el nivel de vibración planetario. Así, con el tiempo, habrían cuerpos acordes con sus necesidades y requerimientos vibratorios.

—*¿En qué lugares del planeta se encuentran aquellos cristales que actúan como carceleros?*

—Uno de esos lugares es Paititi, la legendaria ciudad perdida de los incas en la selva amazónica, a la que irán grupos de contacto, una y otra vez, hasta que sus puertas protegidas por la Gran Hermandad Blanca de los Retiros Interiores, sean abiertas definitivamente para beneficio de toda la humanidad al compartirse el conocimiento allí guardado.

Volviendo al relato anterior, les diremos que a los disidentes —por haber sido seguidores de Satanel—, los llamaremos en los mensajes con la denominación de fuerzas satánicas o negativas. Ellos, abusando de su gran poder mental para manipular, supieron ocultar bien sus intenciones para con respecto a ustedes, y en la medida en que fueron muriendo, quedaron atrapados en este mundo pero en una cuarta dimensión, desde donde le han declarado una guerra psíquica a la humanidad; y se han constituido en un gobierno interno negativo planetario, que procura manipular a aquellas personas débiles de voluntad y de carácter, encendiendo sus carismas, para ejercer a través de ellas, una fascinación sobre el resto de la humanidad que conduzca a la colectividad hacia la autodestrucción.

—*Entonces ... ¡El Plan original de Lucifer se está cumpliendo!*

—Lo que básicamente propuso, sí se está cumpliendo, que era: dificultar al máximo el proceso de evolución a través de entidades disociadoras infiltradas en el universo material, presionando para que los seres sujetos al proceso, extraigan de sí mismos sus mejores argumentos para crecer internamente y sobrevivir espiritualmente frente a las pruebas, y así seguir hacia adelante en el desarrollo espiritual. Es un poner a prueba a los otros, probándose a uno mismo; aprendiendo de uno y de otro, pero creciendo en conciencia todos.

A Lucifer le perjudicó su profunda relación con el universo material. Cual si fuese un contagio de gripe terrestre, los sentimientos y las pasiones —de las cuales supuestamente estaba exento o a las que era indiferente—, comenzaron a afectar su estabilidad confundiendo su percepción de las cosas. Esto le condujo a tomar a continuación actitudes equivocadas, arrastrando a otros muchos seres como Satanel al error; hundiéndose en un profundo abismo de rencores y resentimientos cuyo origen se gestó en haberse dejado envolver por la soberbia y la envidia.

—*¿Los sentimientos y las emociones son malos entonces?*

—Cuando ellos te dominan, sí suelen ser contraproducentes los sentimientos. Pero también debemos reconocer que resulta siendo malo el excesivo control, que ahoga las emociones y los sentimientos, hasta tornarlo a uno frío. Como dirían ustedes: no es bueno que la mente anule al corazón, y ahogue la calidez de vida.

—*Generalmente la gente se imagina a las civilizaciones extraterrestres como si fuesen infalibles, casi ángeles. Y como los ángeles, sólo dedicados a la espiritualidad o a la eterna alabanza del Todopoderoso. Es tan difícil imaginárselos enfrascados en guerras interplanetarias o persiguiendo a aquellos que disienten.*

—No somos el tipo de ángel que sugieren vuestros escritos, aunque sí somos mensajeros de un conocimiento profundo, que por madurez ya están llegando a entender y con el que pueden comprometerse. En los mundos donde vivimos y aun entre nosotros, ha desaparecido la envidia, el odio, el rencor y el egoísmo; pero ahora reconocemos, que en contacto con planetas como el vuestro debemos andar con mucho cuidado, para no ser severamente afectados por vuestras emociones, que como ven, en algunos casos han despertado fuertes apasionamientos y distorsiones en nuestro actuar. Y no es que persigamos a aquellos que piensan o sienten de una forma diferente a la corriente general, el problema es cuando el pensamiento minoritario busca —más allá de ser escuchado—, imponerse exigiendo dirigir a la mayoría, llegando a extremos de tenebrosa manipulación. Es en esos casos, cuando el bien común se diluye detrás de posiciones egoicas, que no dudamos en enfrentarlas, actuando enérgicamente, como ha sido el caso de las decenas de naves espaciales que han sido abatidas y derribadas sobre la Tierra por parte de los guardianes y vigilantes, cuando han querido ingresar en el planeta sin la debida autorización.

—*Si Satanel y compañía ya no poseen un cuerpo físico, y más bien se encuentran en la cuarta dimensión en este planeta, ¿cuánto mal nos pueden hacer a nosotros, o cómo nos pueden afectar desde allí?*

—Poco y mucho es lo que les pueden hacer... La única ventaja que poseen estas fuerzas satánicas contra la humanidad, es que mientras ellas conocen sus debilidades, ustedes ni siquiera conocen sus posibilidades... Por ello es tan importante que lleguen a tomar conciencia de vuestras potencialidades, tanto mentales como espirituales. Y también es bueno que sepan que a pesar de que existe una cuarentena planetaria que protege vuestro mundo, hay civilizaciones vinculadas después de muchísimo tiempo con los implicados en la rebelión, y que aún hoy están queriendo llegar a vuestro planeta para cometer ciertas arbitrariedades como por ejemplo: fertilizar mujeres y crear cuerpos híbridos en donde puedan encarnar y fugarse los deportados...

Pero sigamos con el relato: Luego de la rebelión, una parte del grupo de vigilantes planetarios fueron reemplazados por otros. La civilización de los oriones fue sustituida por los seres de Sirio, procedentes de Can Mayor, haciéndoles la compañía a los pleyadianos. Fue entonces cuando los disidentes con su poder mental, influenciaron sobre un grupo de los vigilantes y guardianes, como para que seducidos por la sensualidad propia de un planeta paradisíaco y de vibraciones aun bajas, cometieran la grave transgresión de tener relaciones sexuales con seres humanos de la Tierra, algo que estaba estrictamente prohibido para que no ocurriera, por sus graves consecuencias que pondrían en peligro una vez más la consecución del proyecto.

El propósito de haber promovido las relaciones sexuales de los vigilantes con los terrestres —como ya adelantamos—, procuraba crear cuerpos mestizos de un mayor nivel vibratorio que permitiera el que los disidentes pudiesen encarnar a través de ellos, y así apoderarse del planeta o fugarse de él.

—*¿Es a esto que hace referencia el Génesis bíblico cuando habla de que hubo una época en que los hijos de Dios se unieron con las hijas de los hombres?*

—¡Exactamente!, todo ello está registrado en vuestra literatura sagrada.

—*¿Quiénes fueron los que se unieron a las hijas de los hombres, los de Sirio o los de las Pléyades?*

—Fueron los pleyadianos, dirigidos por el comandante Semiasas, involucrando a doscientos de estos cosmonautas.

—*¿Y qué ocurrió entonces?*

—La confederación intervino inmediatamente tratando de corregir semejante desatino, por lo que se esperó a que se produjeran los nacimientos de los mestizos, los cuales fueron concentrados en una grupo de diez islas en el océano Atlántico, la mayor de ellas llamada la isla de Undal, donde sus padres extraterrestres se vieron comprometidos a educarlos, dando lugar a la legendaria civilización de los atlantes. El problema fue el haberles enseñado más de la cuenta...

Este aislamiento inicial se llevó a cabo para evitar que estos hijos de la tierra con las estrellas, pudiesen perjudicar el proceso del resto de la humanidad, aunque con el tiempo traspusieron los límites impuestos y no solo recorrieron el planeta entero sino que hasta incursionaron en el espacio.

—*¿A los pleyadianos también se los reemplazó por la falta cometida?*

—¡No!... Ellos continúan aquí hasta hoy en día. Se les permitió quedarse para guiar a sus hijos terrestres, con la condición de no crear dependencias.

—*¿Y qué pasó entonces con los satánicos?*

—Algunos llegaron más tarde a encarnar entre los atlantes, pero las condiciones del planeta y su energía inestable suele afectar a los que en él viven, tanto en sus buenas como en sus malas intenciones, por ello el proceso atlante tuvo altibajos y contrastes muy marcados. Hubo un tiempo en que diez reyes sabios gobernaron las islas y sus colonias dispersas por el mundo y por el sistema solar, en un único Consejo desde la ciudad de Poseidonis, muy cerca de la actual isla de Tenerife en las Canarias; y que dicho consejo tuvo que enfrentar una terrible y creciente asechanza psíquica, apoyada por los infiltrados ya encarnados que llevaron a guerras internas y externas a los atlantes, creando tan negativa vibración que todo ello atrajo el colapso de la civilización. Fue la época en que esas energías negativas atrajeron a un objeto sideral errante hacia el interior del sistema solar, chocando contra la principal colonia espacial de los atlantes que era Maldek, planeta entre Marte y Júpiter. Las consecuencias de semejante colisión fueron devastadoras, pues los fragmentos salieron despedidos hacia Marte impactándolo, haciendo que gran parte de su agua y su atmósfera se perdiera en el espacio, acabando con la mayor parte de la vida en la superficie del planeta rojo.

—*¿Por qué contra Marte? ¿Había vida inteligente allí?*

—Sigue habiendo, pero en la actualidad sobrevive en el subsuelo del planeta.

En Marte también había una colonia atlante en guerra permanente contra los habitantes oriundos del lugar, seres que en la actualidad poseen estatura pequeña y grandes ojos, pero que no siempre fueron así. Por ello toda esa negatividad cobró sus víctimas. Hoy en día sobreviven en Marte dos razas, además de los seres ya mencionados, otros que son sobrevivientes de los atlantes.

—*¿Será por eso que en 1976, las sondas norteamericanas Vikingo encontraron sobre la superficie de Marte aparentes monumentos de una civilización desaparecida, como un rostro gigantesco en la zona de Sidonia, pirámides y hasta lo que parecían ser los cimientos de grandes ciudades?*

—¡Así es!... Los fragmentos de Maldek también llegaron a la Tierra, estrellándose muchos de ellos contra el escudo natural del planeta que es la Luna. En ese entonces, la Tierra atrapó dos grandes fragmentos que estuvieron orbitando durante un cierto tiempo alrededor del mundo, por lo que podemos afirmar que hubo una época en que tuvieron tres lunas; la actual y dos asteroides más pequeños, los cuales fueron más adelante atraídos al planeta impactando uno de ellos en el Pacífico y mucho tiempo después el otro entre el Atlántico y el Caribe, produciendo profundas fisuras donde la corteza terrestre es bastante débil, y también abriéndose peligrosos vórtices electromagnéticos, que actualmente los conocen como el Triángulo de las Bermudas y el Triángulo del Dragón.

Primero se perdieron las colonias espaciales atlantes; y cuando se hacía imposible reponerse de aquella herida mortal, tiempo después vino la destrucción definitiva en la Tierra del archipiélago atlante.

—*Si la Tierra ha recibido en repetidas ocasiones lluvia meteórica y de gran tamaño, ¿por qué aquellos impactos produjeron dichos vórtices, o todos producen vórtices similares?*

—¡No, no siempre se produce dicho efecto! Primero les diremos que si no cayeron de inmediato sobre el planeta aquellos asteroides fue porque la tecnología y el poder mental de los atlantes era muy grande, de tal manera que llegaron a controlar aquellas otras lunas, colocando precisamente en lo que hoy corresponde al Caribe, una estructura piramidal con una gran esfera de cristal en la punta, a manera de una inmensa máquina energética que proyectase como un cañón de luz al espacio, y sostuviese la presencia de cada uno de esos cuerpos. Igualmente se trabajó en una estructura similar en el Pacífico, en lo que alguna vez correspondió a la ubicación de la Lemuria. Estas pirámides concentraban una energía extraordinaria, como jamás hubiesen imaginado. Pero la crisis interna de la sociedad atlante llegó a niveles incontrolables, por la presencia de infiltrados de los satánicos, que quisieron utilizar el poder desarrollado para liberar a sus compañeros y atacar a la confederación de mundos; y ello terminó revirtiendo el poder de dichas pirámides, atrayendo a aquellos cuerpos siderales que debían mantenerse a la distancia, haciéndoles impactar y creando, no sólo grandes abismos oceánicos, sino que también hoyos interdimensionales que comunican con otro tiempo y otro espacio; pero que no están abiertos todo el tiempo sino cuando aquellas pirámides —hoy sumergidas—, concentran gran cantidad de energía, liberada a su vez por las tormentas que en la zona se producen frecuentemente.

—*¿Por qué los vigilantes permitieron que los atlantes se extendieran hacia Marte y agredieran a la civilización local?*

—Se pensó en su momento, que si los atlantes se extendían fuera del planeta, podría resultar conveniente para reorganizar con ello el proyecto planetario, ya que con el tiempo se podría hacer que estos mestizos quedaran al margen del proceso terrestre, a pesar de que eran semiterrestres. Esto es, que llegado el caso, la civilización atlante completa sería trasladada a Maldek. Pero lo que ocurrió en Marte si fue un terrible error. Cuando se produjo el contacto, la civilización local recibió con curiosidad e inocencia a los colonos atlantes, que con autorización de los vigilantes —pero con debidas restricciones—, venían a establecer un práctico puente entre la Tierra y Maldek. Fue entonces cuando los atlantes no se comportaron a la altura de las circunstancias y generaron primero desconfianza, y luego rechazo de parte de los marcianos, lo cual desencadenó lo que ya antes mencionamos; y entonces ya era tarde...

—*¿Tendremos la oportunidad de conocer más adelante los detalles de aquella época oscura?*

—Llegado el momento no habrá nada que permanezca oculto.

—*¿Qué pasó con la civilización atlante?*

—Con la catástrofe cósmica vino su ocaso. Algunos de los más ilustres y elevados seres que produjo dicha cultura pudieron sobrevivir marchándose a tiempo, así como algunos contingentes que se encontraban en colonias dispersas por el planeta. Lo que destruyó a la gran mayoría fue la incredulidad y la soberbia frente a la inminencia de un desastre, puesto que su gran desarrollo les hacía creer que todo ello era imposible o remoto.

—*¿Y su gran poder mental no les advirtió?*

—Cuando acallamos la voz del corazón, perdemos la capacidad de ver más allá de nuestros ojos, por más que hagamos alarde de grandes capacidades extrasensoriales. Y esto ocurre cuando uno deja de escucharse y sólo confía en su mente racional. Por experiencia propia les podemos asegurar que contamos sólo con una protección a medias cuando confiamos en la reflexión y en la lógica de las cosas, y no hacemos caso a lo que se siente internamente.

Las convulsiones a las que estuvo expuesta la Atlántida fueron tales, que hoy más allá de las leyendas, difícilmente queda el recuerdo de su existencia; pero llega el tiempo en que lo que estaba sumergido vuelve a salir a la superficie.

Uno de los atlantes más famosos fue Thot, quien en los últimos momentos de su civilización viajó a Egipto, y con la ayuda del pueblo egipcio construyó algunas de las pirámides de Egipto. Sí..., aquellas que se atribuyen a los grandes faraones de la antigüedad, no fueron originalmente edificadas como tumbas particulares de nadie sino como grandes estabilizadores planetarios.

—*¿Qué pasó con el resto de los atlantes sobrevivientes?*

—A algunos se les permitió emigrar fuera del planeta, acogiéndoseles en algunas de las colonias extraterrestres cercanas. Otros, se refugiaron en el mundo intraterrestre o intramundo, que es aquella red de túneles y galerías subterráneas naturales y artificialmente excavadas, que atraviesan todo el planeta Tierra. Las artificialmente excavadas son el resultado de sucesivas extracciones de minerales por parte de civilizaciones espaciales o producto de la necesidad de la presencia de bases protegidas, conectándose posteriormente los túneles naturales con los que no lo son.

—*¿Todos los atlantes que sobrevivieron tenían buenas intenciones?*

—¡No!... Hubo de todo. Y algunos de los atlantes negativizados también se refugiaron en el mundo intraterrestre.

—*¿Y cuál ha sido o es el comportamiento de estos negativizados?*

—Lamentablemente han venido trabajando para las fuerzas satánicas, y con cierto poder y conocimiento se han hecho presentes físicamente en vuestro mundo en ciertos momentos de la historia para ocultar, silenciar, manipular e impedir el avance evolutivo haciendo desaparecer información y conocimientos.

—*¿Otros hombres de negro como en la conspiración del ocultamiento ovni, pero en el pasado?*

—¡Ciertamente!... Por ello el Consejo de los Veinticuatro Ancianos de la Galaxia recibió la autorización de parte de la Hermandad Blanca de la Estrella representada en el Consejo de los Nueve de Andrómeda, como para que viniese a la Tierra una fuerza interplanetaria de paz compuesta por treinta y dos seres extraterrestres, de igual número de civilizaciones diferentes de la Confederación, para que pusieran cierto orden, contrarrestara el efecto negativo de los satánicos sobre la humanidad y se constituyeran en un gobierno interno positivo transitorio denominado "La Hermandad Blanca de los Retiros Interiores".

La Hermandad Blanca guardaría en algunos puntos del intramundo el conocimiento de la verdadera historia planetaria, y los detalles del Plan Cósmico, con la esperanza de que la humanidad con el tiempo llegase a alcanzar la madurez para sentir y recordar que ello existe y está aguardando a los sinceros buscadores de la verdad, que estén dispuestos a recibir para compartir con todos.

—*¿Por qué treinta y dos y no treinta y tres civilizaciones?*

—El número 33 es un símbolo que tiene fuerza en sí mismo y se relaciona con la síntesis entre lo espiritual y la material; la unión del cielo y la Tierra; la fusión del amor y el equilibrio con la materia y el conocimiento. Este número se representa por dos triángulos —uno con el vértice hacia arriba y el otro hacia abajo—, que se cruzan formando la estrella de seis puntas, símbolo del equilibrio cósmico entre lo espiritual y material.

Decimos que fueron treinta y dos y no treinta y tres las civilizaciones convocadas, porque a la número treinta y tres, la de los oriones —retirada anteriormente de su cargo de vigilantes—, no se le permitió participar por la conexión que tuvo esta civilización con los disidentes. Y si bien ya anteriormente mencionamos que no todos los oriones participaron en ésta, lo máximo que se les permitió a los que se mantuvieron dentro del plan, fue ubicarse desde aquel entonces en las lunas de Júpiter, entre ellas Ganímedes, para que llegado el tiempo volviesen pero en calidad de instructores de la humanidad para resarcirlos del daño ocasionado y a la vez reivindicarse como civilización.

—*¡Oxalc, tú procedes de allí!*

—¡Yo soy uno de esos instructores!

—*En las profecías de Miguel de Nostradamus, un médico francés del siglo XVI conocido por su don de profecía, anunciaba en sus centurias que llegaría el tiempo en que vendría "el Gran Instructor de Júpiter". ¿Podríamos decir que esto se está cumpliendo desde los años 70 con el contacto con ustedes?, porque algunos de los guías extraterrestres proceden de las lunas de Júpiter.*

—¡Ciertamente!... Y ahora, ese puesto número treinta y tres, lo tiene que ocupar la humanidad de este planeta, laborando en la restauración del equilibrio perdido.

Pero antes de que llegáramos nosotros como los nuevos instructores, otros ya habían actuado aquí con un rol similar pero con magros resultados o con complicaciones para la humanidad.

—*¿Otros aparte de los pleyadianos que instruyeron a sus hijos mestizos?*

—¡Sí, otros!

—*¿Aquí en Perú o en otros países?*

—Aquí y en otros lugares.

—*¿Estos instructores han venido llegando a la Tierra después que se asentó en el planeta la Hermandad Blanca o antes?*

—¡No!... Algunos llegaron poco antes y precipitaron la presencia de la Hermandad Blanca.

—*¡Nos parece interesantísimo todo lo que nos han dicho! Pero sentimos que por ahora, es suficiente información la que nos han aportado y debemos trabajar en asimilarla, por lo que les agradecemos infinitamente su ayuda...*

—Que el Profundo Amor de la Conciencia Cósmica los bendiga, con amor, Oxalc.

La comunicación terminó sumiendo el ambiente en una paz y armonía extraordinarias, habiéndose recibido el mensaje durante una meditación profunda dirigida por uno de los asistentes más jóvenes. De inmediato, nos acomodamos entre la luz de las linternas traídas al campamento, como para poder dar lectura a tan importantes revelaciones. Hubo aplausos y algarabía cuando se leyeron aquellas hojas escritas psicográficamente durante la meditación, sintiendo todos, la profundidad del mensaje y el compromiso que todo ello suponía, por cuanto los mensajes estaban esclareciendo la responsabilidad colectiva además que arrojaban luz sobre todo lo vivido y recibido durante tantas salidas y experiencias anteriores.

Hicimos a continuación un alto como para beber algo caliente, preparado amorosamente por Marinita y un grupo de infaltables colaboradores, para lo cual nos colocamos en torno a la fogata que había sido encendida con leña traída especialmente para la ocasión.

Mientras degustábamos esa deliciosa y reconfortante agüita de manzanas hervidas, endulzada con miel de caña, comentábamos la comunicación y simultáneamente, observábamos en el cielo estrellado, el paso de multitud de satélites y la caída de decenas de meteoritos dejando efímeras estelas en el firmamento. Alguna que otra nube hacía su aparición adquiriendo a continuación extrañas formas, como si hubiese una inteligencia superior jugando con ellas para representar figuras con un contenido simbólico, que tal vez nuestra intuición pudiese desentrañar. Mientras mirábamos aquel hermoso y a la vez extraño espectáculo, todo el lugar se iba iluminando con una brillantez que parecía salir del mismísimo suelo, sintiéndonos todos embargados por una relajante energía. A continuación llegó el avistamiento de una intensa luz que salió de entre las montañas avanzando hacia donde nos encontrábamos todos. De un momento a otro, aquella luz bajó en intensidad y dejó ver un objeto metálico curvado o ligeramente como una media luna naranja con luces laterales azules y verdes, haciendo en el aire ángulos rectos y movimientos laterales como en un ballet sideral, para luego, marcharse a gran velocidad. Era la confirmación de su presencia y del contenido de los mensajes, como en tantas oportunidades se había dado.

Aquella había sido una noche más de revelaciones, y tratamos de sacarle el máximo provecho a la salida haciendo una práctica colectiva de viaje astral, induciéndonos a todos a una relajación profunda mediante respiraciones rítmicas. Para ello nos acostamos en el suelo sobre las bolsas de dormir o sobre plásticos, para alejarnos del suelo polvoriento y crear alguna distancia con los innumerables escorpiones que pululan por la zona y que suelen acomodarse debajo de nosotros buscando el calor corporal.

Con cada respiración lenta y profunda, sentíamos un intenso calor que nos estaba envolviendo. Así, después de recorrer con la mente todo el cuerpo, desde los pies a la cabeza —imaginándonos que lo masajeábamos con las manos físicas—, nos quedamos todos completamente relajados, visualizando a continuación que íbamos caminando por la orilla de una playa y nos tendíamos en el suelo, exactamente como lo estábamos realmente Pero en vez de ser el suelo rocoso y polvoriento del desierto, teníamos que percibir que era la arena fría y húmeda al lado del mar. Después, nos imaginábamos que al romper las olas del mar, el agua y la espuma alcanzaban a tocar nuestros pies acariciándolos; y al regresarse el agua, la misma arena que se hundía bajo nuestro peso, masajeaba y relajaba más profundamente la piel, los músculos y los huesos. Y así, una y otra vez el ir y venir de las olas mojando nuestro cuerpo, nos iba relajando más y más hasta sentirnos arrastrados por el propio mar, flotando bajo un ardiente sol a pesar de que en la realidad era de noche.

Como venía dirigiendo la práctica, les recomendé entonces a todos que aprovechando que se sentían completamente relajados, y libres de toda tensión, perdieran el temor a dejar de sentir su cuerpo para lo cual debían de concentrarse en elevarse y flotar por encima de su cabeza. La técnica consistía primero en imaginarse que nuestra cabeza crecía hacia arriba o nos elevábamos por encima de ella, procurando sentir el desplazamiento; y a regular altura mirar hacia abajo, contemplando nuestro cuerpo y buscando algún elemento de corroboración externo que nos permitiera más tarde comprobar la veracidad del desprendimiento astral, como por ejemplo fijarnos en algún detalle del lugar o quizá, desplazarse a la casa de algún conocido y familiar, contemplando lo que allí ocurre en ese especial momento. También sugerí otras alternativas de salida, como por ejemplo: concentrarse a la altura del pecho, sintiendo que flotamos dentro de nuestro propio cuerpo, y desde allí flotar y elevarnos, ya sea en ascenso recto o girando, de tal manera que la fuerza centrífuga de la vorágine generada tendiera a lanzarnos fuera del vehículo físico. Otra alternativa también recomendada era la del balanceo interno o movimiento pendular, hasta que sintiéramos que nos desprendíamos por los lados del cuerpo.

Con un poco de concentración podía observar el esfuerzo que hacía la gran mayoría procurando desprenderse del vehículo físico, algunos sin lograrlo y otros, saliendo en parte o brevemente, para luego caer precipitadamente en su cuerpo, arrastrados por el temor a dejar de sentirse. Esto se debe al miedo no consciente o también llamado "síndrome de la muerte", que significa que con el desdoblamiento astral consciente se reproducen las sensaciones o los síntomas que acompañan la separación definitiva en el fallecimiento, y ello es algo que atemoriza a la gran mayoría sintiendo de pronto, que podría ser que no pudiese reingresar en el cuerpo. Y esto naturalmente no puede darse, porque nada malo pasará en esta práctica que nosotros no permitamos; además, cuando uno ha hecho su cúpula de protección, y está en buenas condiciones de salud, se siente protegido por fuerzas superiores.

Sugerí a todos los participantes que se proyectaran hacia el espacio, y especialmente a aquella nave cercana que todos habíamos visto, donde cada uno tendría la oportunidad de plantearle directamente sus interrogantes a los guías. Al cabo de un largo rato recomendé suavemente el retorno al lugar donde nos encontrábamos, primero mentalmente y luego verbalmente, subiendo poco a poco el tono de voz. Todos debían ir volviendo y descendiendo lentamente. Así poco a poco se fueron incorporando los presentes, aunque nunca falta alguien que se queda por un rato más del otro lado, y hay que tener algo de paciencia con esa persona, llamándola suavemente y en voz baja una y otra vez, colocando nuestra mano sobre su pecho sin tocarla y sintiendo que con ello la atraemos.

Muchos estuvieron comentando hasta tarde el resultado de la práctica y las sensaciones percibidas, hasta que el cansancio y la oscuridad de la noche envolvió el campamento sumiéndolo en silencio.

# Los 144 instructores planetarios

A la semana siguiente los miembros del grupo se hallaban expectantes de la continuación del tema desarrollado en los mensajes de la salida al desierto. No faltaban las hojas con sendos cuestionarios para ser vertidos a la hora de la siguiente recepción. Hubo entonces una nueva reunión para establecer contacto, facilitándose para ello la casa de uno de nuestros compañeros. Allí se apersonaron todos con gran entusiasmo, y luego de los saludos, pasamos rápidamente a la parte práctica como era hacer una cúpula de protección personal y colectiva, utilizando la imaginación creativa y la canalización de energías; luego, manteniendo el ritmo en las respiraciones, hicimos una relajación profunda y una meditación. Durante esta última se captaron los siguientes mensajes:

—Sí, somos vuestros hermanos guías en misión.

—*¿Nos pueden hablar de los instructores planetarios?*

—Ha habido muchos instructores en muy diversos momentos del planeta y de la humanidad, pero fueron ciento cuarenta y cuatro aquellos primeros que fueron enviados a contrarrestar la influencia nefasta del gobierno interno negativo que se constituyó a partir de los deportados a la Tierra.

*—¿Si ustedes ya sabían de antemano que los disidentes extraterrestres iban a armar semejante jaleo, por qué permitieron que actuaran, y por qué los dejaron aquí?*

—Recordarán ustedes que el plan original era crear las condiciones de dificultad que permitieran lograr niveles de evolución nuevos y muy elevados mediante la lucha de opuestos. Pues esa es una de las razones, y además porque esta disidencia surgió a raíz de la evolución del proyecto en la Tierra, por lo que debe de ser superado y trasmutado aquí mismo. Como la expectativa es grande sobre la Tierra, no se le ahorrarán pruebas y habrá entonces, de soportarlas la humanidad para su crecimiento y sabiduría, así como por los requerimientos mismos del proyecto.

Bien, siguiendo el relato les diremos que después de la gran crisis generada con los atlantes, se dispuso enviar un contingente de ciento cuarenta y cuatro instructores planetarios para que a partir de gente terrestre (llamados zag-gi-ga o cabezas negras) de la zona del Cáucaso y los Montes Zagros, se pudiera acelerar y constituir un proceso alternativo de estimulación de la potencialidad humana, procurando —sin crear dependencias— el que la humanidad tomase conciencia de su rol y lo realizara, evolucionando definitivamente de la forma más original posible, y superando así el ataque de las fuerzas negativas. El proyecto consistiría en establecer un grupo de ciudades estado altamente civilizadas, como proyectos gigantescos comunitarios que permitieran un desarrollo sostenido a nivel físico, mental y espiritual.

Los ciento cuarenta y cuatro instructores serían colaboradores en el despertar de las conciencias, procurando por todos los medios no crear ningún tipo de sujeción, para lo cual no permanecerían mucho tiempo aquí. En una siguiente etapa habrían evaluaciones progresivas, con visitas esporádicas, hasta dejarlos solos pero encaminados.

*—¿Por qué ciento cuarenta y cuatro?*

—El número como ya ustedes saben no es algo arbitrario, sino que encierra también una clave activadora de la mente superior. Primero es la unidad que habrán de alcanzar los seres humanos en la Tierra, luego la preparación que deberán mantener y finalmente la orientación que no deberán perder, así como la percepción de la ayuda solidaria de lo alto. También el doce por doce simboliza el trabajo de integración de la comunidad; además, el doce es el número del apostolado, significa esto que cuando la potencialidad se empieza a desarrollar en el discípulo, ésta se pone a prueba, de allí la acechanza y porque bien saben que a toda fuerza se le opone otra de igual magnitud que va midiendo la importancia de cuanto van haciendo.

Aquí lo que se estaba señalando era que el ser humano debe aprender que todas las capacidades que posee, no le son concedidas para su beneficio sino para la realización del servicio a los demás. También se habrán fijado que todo el número suma nueve, lo que se relaciona con el nacimiento hacia algo nuevo, pero a la vez un largo camino solitario, el del peregrino y acepta que no teme llevar la luz consigo aun cuando sólo sea la fe y la intuición la que le permita avanzar en medio de la oscuridad.

El plan dispuso la actuación de los instructores en la zona de Mesopotamia, en una época que ustedes conocen como la del desarrollo de la civilización sumeria.

*—¿Y qué pasó allí?*

—Al principio todo funcionó tal cual estaba dispuesto sobre el grupo humano seleccionado, actuando ciertas personas llamadas "ensis o patesis" como intermediarios con los instructores, que vuestras historias y leyendas confunden con "dioses". Pero más adelante, cuando los instructores hubieron de marcharse, dejaron tras de sí una cultura altamente desarrollada en comparación con los demás pueblos existentes, pero su mayor evolución fue puesta a prueba por las fuerzas satánicas del planeta y por aquellos simpatizantes de la disidencia que se apersonaron al planeta burlando el control de los vigilantes.

—*¿Pero cómo puede ser posible que pudiesen pasar libremente? ¿Existía en aquel entonces la "Cuarentena Planetaria"?*

—Nunca han pasado libremente. Siempre ha habido control, aunque en aquella época era más flexible o menos rígido, y vuestra historia recuerda los continuos conflictos en el cielo que fueron muchas veces muy violentos.

La "Cuarentena Planetaria" definitiva se dispuso a mediados de los años 40, en el presente siglo terrestre, pero aun así siguen dándose tensiones. De allí, los casos de naves derribadas de las que ya hablamos anteriormente.

—*¿Qué pasó cuando se marcharon los instructores y vinieron los saboteadores?*

—En algunos casos se pudo comprobar que a pesar de haberlo evitado, los instructores habían creado dependencias, pues los pueblos seguían aguardando con gratitud y expectativa su retorno. Se habían establecido lazos emocionales y afectivos que fueron difíciles de romper. Esto fue aprovechado por los satánicos —que fueron recibidos con confianza— para indisponer a las ciudades, una contra otra convirtiendo pueblos civilizados y altamente tecnificados en maquinarias de guerra. Además se encargaron de tergiversar la historia y hacerles creer a las grandes comunidades humanas allí reunidas, que habían sido "utilizadas" para el trabajo pesado, a conveniencia de los "malos dioses antiguos" como hicieron llamar a los primeros instructores, y señalando como ejemplo la construcción de un sistema de canales que irrigaron todo el desierto. Cuando en la realidad la intención con que se los guió fue para que la gente misma convirtiera en un vergel toda aquella zona, y en beneficio de ella misma, porque allí habría de morar y desarrollarse, pudiendo extender todo el programa al planeta entero, una vez que el proyecto funcionara. Al contar ellos su propia versión de las cosas, manipularon de tal manera el ambiente que generaron resentimientos, confusión y caos.

Hubo pues una primera época en que todo estuvo en paz y armonía, manteniendo el contacto con el espíritu y el cosmos, pero este contacto se perdió por la desconfianza que fue sembrada, consecuencia de la intriga malintencionada, y debido a que a algunos individuos y pueblos se les facilitó elementos (armas u objetos diversos) para defenderse y someter a otros, estableciéndose así una desigual competencia.

Los satánicos se hicieron adorar como dioses, y procuraron reivindicar la imagen de su príncipe y principal inspirador de la disidencia como era "Satanel". Y desde ese entonces se registraron nuevos intentos de hibridación a través de abducciones para crear cuerpos alternativos en donde pudiesen encarnar aquellos atrapados en planos mentales, y así apoderarse del planeta.

La historia se volvió a complicar, sucediéndose las luchas e intervenciones para bien o para mal de uno y otros, tratando de corregir los desaciertos, o para enredar lo más posible e interferir para que se cancelara el proyecto definitivamente.

Con el tiempo, Sumeria dividida y enfrentada, fue víctima de otros pueblos más violentos y primitivos como fueron los Acadios, que estaban al margen del proyecto. Así, el trabajar sobre un colectivo amplio de individuos había fracasado perdiéndose la identificación con el planeta e identificándose más bien con los de afuera, por lo que se debía hacer una revisión profunda de las intervenciones futuras, así como del control sobre civilizaciones ajenas al proyecto Tierra.

—*¿Y qué otras intervenciones se dieron a continuación?*

—Al fracasar el proyecto sumerio se decidió variar la forma de intervención. En una nueva etapa se escogerían grupos más reducidos y en vez de trabajar los instructores a través de un intermediario o mediador como fueron los patesis sumerios, se trabajaría con toda la elite seleccionada y procurando centrarse en la unidad de un solo pueblo integrado. Y así surgió el proyecto egipcio, siendo los escogidos los que ustedes conocen como los sacerdotes.

—*¿Por qué no evitaron todos los intermediarios y se dirigieron los instructores directamente al pueblo?*

—Porque consideramos que la gente no estaba preparada para un encuentro directo, lo cual hubiese sido contraproducente para el desarrollo autogenerado que se esperaba de ustedes.

—*¿Acaso no ha sido más contraproducente la utilización de intermediarios, que con el tiempo se consideraron dueños de la verdad, aprovechándose de lo recibido y hasta negociando con ella?*

—Es cierto que las cosas han fallado, pero también es cierto que quien recibe algo para compartirlo y para ayuda de todos, se hace de inmediato blanco de la asechanza de las fuerzas negativas, creciendo a cada instante las posibilidades de tropiezo.

*—Ahora vamos comprendiendo que no debemos ser tan duros en los juicios contra los demás, porque en el avance en el camino espiritual el riesgo de caer es cada vez mayor.*

—¡Ciertamente!... Egipto había sido una colonia de la Confederación así como refugio de algunos sobrevivientes de la civilización atlante, como el famoso Thot o Hermes Trimegistro, que con la ayuda de la gente construyó algunas de las conocidas pirámides, pero como grandes estabilizadores para contrarrestar el desequilibrio planetario que significó la desaparición de la Atlántida y la seria inclinación del eje terrestre. Y Thot les dejó parte del conocimiento en cristales y metal, el cual fue guardado en un arca y es lo que hoy conocen como "Las Tablas Esmeralda de Thot el Atlante". Todo ese material, llegado su momento abandonó los santuarios más secretos de los templos para ser resguardado por la Hermandad Blanca en cavernas del Alto Egipto.

Siendo pues heredera de los atlantes y de la ciencia extraterrestre, la cultura egipcia estaba en manos de sus sacerdotes, quienes eran los depositarios del conocimiento que debían trasmitir gradualmente al pueblo. Pero con el tiempo, el alejamiento de los instructores y la muerte de los últimos atlantes, así como el crecido ego de los sacerdotes influenciados psíquicamente por los satánicos, ocasionó que el conocimiento en vez de ser compartido, comenzara a girar peligrosamente como en un círculo vicioso sólo entre los iniciados, estableciéndose con ello distancias insalvables con el pueblo. Y lo más lamentable fue que se produjo la progresiva pérdida del conocimiento, así como su distorsión y contaminación, por cuanto los sacerdotes cuando debían de iniciar a otros no les entregaban todo lo que sabían o todos los elementos para alcanzarlo por sí mismos, sino que lo ocultaban, y por excesivo celo sólo trasmitían una parte ínfima de lo heredado. Las partes trasmitidas, cada día más pequeñas, confusas y distorsionadas llevaron a que con el tiempo se cayera en el culto a las formas, se perdiera el conocimiento profundo de las cosas y finalmente se llegara al animismo y a la magia negra. Los templos se convirtieron así en puertas dimensionales abiertas a los bajos astrales, deseosos de alimentarse parásitamente de la energía de la gente para tributarla en parte a los "ángeles caídos" o satánicos atrapados en una cuarta dimensión en la Tierra, para incrementar así su fuerza psíquica y capacidad manipuladora.

—*¿Pero a través de los vigilantes no podían haber previsto las distorsiones y corregirlas sobre la marcha?*

—Lo cierto es que aunque existían guardianes y vigilantes, los problemas que surgieron en el pasado relativos a mestizaje y otras transgresiones, habían llevado a que se los mantuviese relativamente alejados para que no se repitiesen aquellos errores y cuando se quiso reaccionar era tarde. Pero sí se experimentaron variaciones a manera de un rescate de lo anteriormente perdido como fue el caso del proceso de Akenaton, pero no duró lo suficiente, interrumpiéndose al poco tiempo; y en otros lugares también se hicieron modificaciones a los proyectos, tal es el caso de la civilización Olmeca y de la cultura Maya.

—*¿Allí también intervinieron?*

—¡Ciertamente!... Y como en el caso de los egipcios, los mayas también concentraron el poder y el conocimiento en manos de los sacerdotes, olvidándose al poco tiempo su misión y rompiéndose por tanto el puente de conexión con su pueblo, distorsionándose su misión. Fue tal su temor a que la enseñanza se corrompiera y contaminara que finalmente su actitud contribuyó a la pérdida, el extravío y el olvido.

Al fallar el proyecto egipcio se decidió hacer modificaciones, para lo cual se escogió trabajar ya no sobre un colectivo grande ni sobre uno pequeño, sino más bien programar a un colectivo a través de la genética de un individuo. Tal fue el caso de Abraham y su descendencia que hoy es tanto árabe como israelí.

Abraham era una persona especial por cuanto era un psíquico muy sensible y alguien de una gran inteligencia, que fácilmente podía entrar en contacto mental con los guardianes y vigilantes, así como captar con profundidad y asumir gran parte del conocimiento que se le trasmitió. Con decirles de que supo captar la idea de un origen único y trascendente, más allá de las fuerzas de la naturaleza y de esencia espiritual, al que hoy llamamos todos: "Dios"; y esto en una época de un gran primitivismo y estrechez mental.

Lo que se quiso hacer con el patriarca Abraham fue perpetuar las facultades y aptitudes de este gran ser, para que con el tiempo surgiera a través de él, un grupo humano que pudiese actuar con sabiduría e intuición, como los guías espirituales del resto. Y la selección del lugar también tuvo sentido, por cuanto Canaán o lo que actualmente es el territorio de Israel iba a ser un puente natural para el fluir de los pueblos de aquella zona, así que era el mejor sitio para ubicar a un grupo de gente que pudiese influenciar positivamente sobre los demás, con sabiduría y una orientación moral y ética, aun cuando su ejemplo posterior de ninguna manera fue el ideal. Y es que la historia que mencionan vuestros libros sagrados es la síntesis de la humanidad, con sus defectos y virtudes, con sus errores y aciertos, con todo lo bueno y lo malo.

—*¿Cuál fue el propósito de las continuas intervenciones a lo largo de la historia bíblica, especialmente en los nacimientos de hijos de padres estériles, como en el caso de*

*Isaac, Jacob, José, Sansón, Samuel, Juan el Bautista, María y Jesús?*

—Las intervenciones muestran el seguimiento y la continuidad del proyecto, procurando que no se desviara o se interrumpiera en el camino más de la cuenta. Era la mejor manera de supervisar que la programación genética se mantenía, asegurándose que al final, podrían darse las condiciones como para que se manifestara y materializara a través de estos pueblos, la "Conciencia Crística" mediante un ser iluminado y altamente evolucionado terrestre que estuviese dispuesto a brindar o compartir sus siete cuerpos como para que encarnara o se incorporara en su momento a través de él, un ser de la categoría de los Hijos de Dios, procedente del universo mental. Esta trasmigración duraría poco tiempo, pero el suficiente como para que esta coexistencia apoyase al enviado en su labor para luego dejarlo culminar por él mismo con éxito, su misión en representación de todos, inspirando y mostrando el camino a la humanidad.

—*Todo eso está como muy complicado, quizá podrían aclararlo mejor.*

—En una próxima salida, tendrán un acercamiento por parte de entidades muy elevadas que les ilustrarán al respecto, y les aclararán los diversos conceptos, preparándolos para que en un futuro cercano puedan recibir la gran revelación, la cual por la gran cantidad de preconceptos que vuestra formación cultural y religiosa ha depositado en ustedes, les costaría ahora demasiado absorber o aceptar.

—*Antes que termine esta comunicación, los compañeros presentes aquí en la reunión piden que hagamos la consulta, y nos hablen en profundidad con respecto a la Hermandad Blanca: ¿cuándo llegaron?, ¿quiénes eran?, ¿por qué vinieron?, ¿quién los envió?*

—La Hermandad Blanca se hizo presente en el planeta Ur llamado Tierra, poco tiempo después de la destrucción de la Atlántida y de la llegada de los ciento cuarenta y cuatro instructores planetarios; y debido también a las dependencias que se crearon con los "AN" como eran llamados los instructores procedentes del cielo, y por la confusión y posterior aprovechamiento que hicieron de la situación los "Anunakis" los que fueron derribados del cielo o los disidentes seguidores del príncipe Satanel que no fueron deportados, pero que se mantuvieron rondando por las cercanías de la Tierra.

Los miembros de la Hermandad Blanca llegaron y aterrizaron en el desierto del Gobi en la Mongolia, y desde allí establecieron una red de túneles y galerías por todo el planeta, donde guardaron los archivos en ideogramas o símbolos grabados en láminas metálicas de diversas aleaciones y en esferas de cristal. Ellos eran treinta y dos guardianes planetarios, que vendrían a serlo ahora de los archivos de la real historia planetaria y de la misión que posee la humanidad en el concierto de los mundos. Eran treinta y dos seres de treinta y dos planetas diferentes de la Confederación de Mundos de la Galaxia, dependiente a su vez de la Gran Hermandad Blanca de la Estrella que se encuentra en la Galaxia Central de Andrómeda. Eran treinta y dos los enviados y no treinta y tres por cuanto la civilización número treinta y tres, correspondiente a los oriones, no se le permitió participar debido a que en su seno se gestó la gran crisis; y si bien no todos los oriones participaron en la disidencia, se les excluyó de esa fase y ahora el número treinta y tres en lo que corresponde a la Gran Hermandad Blanca de la Tierra guardiana de los archivos planetarios, deberá ser ocupado simbólicamente por la humanidad de la Tierra, cuando se haga merecedora de tal responsabilidad, sabiendo valorar y utilizar dichos conocimientos en la comprensión de su misión y rol protagónicos. Y es que el treinta y tres simboliza el equilibrio cósmico que ha de ser alcanzado a partir de la unión de lo espiritual y lo mental, pero a través de una actitud mental superior y positiva.

Como el primer grupo de la Hermandad Blanca eran extraterretres, estos se encargaron de preparar a algunos sobrevivientes de la Atlántida (mestizos cósmicos), para reemplazarlos más adelante en su tarea de guardianes; y luego estos a su vez, fueron preparando a algunos terrestres evolucionados, maestros espirituales de diversas procedencias religiosas y místicas, para ocupar ese lugar, lo cual ha venido ocurriendo en los últimos tres mil años vuestros.

—*¿Qué es lo que falta como para que la humanidad colectivamente cumpla esa labor y se revelen los misterios del plan, o la historia verdadera?*

—Cuando hayan caminado lo suficiente como individuos y como grupo, conociéndose, aceptándose y venciéndose con voluntad de cambio, no sólo comprenderán el plan sino que ya estarán listos y dispuestos a arriesgarse a realizarlo.

—*¿Por qué en las comunicaciones recibidas desde los inicios de la experiencia de contacto, se hablaba de 144 miembros de los grupos nuestros, que en nombre de todos accederían a parte de los archivos? ¿Qué tienen que ver estos 144 con los ciento cuarenta y cuatro instructores planetarios del pasado? ¿Por qué la coincidencia numérica?*

—Se necesita que en vuestro planeta se formen los "instructores del nuevo tiempo o de una nueva humanidad"; y todo el trabajo nuestro está orientado hacia la formación de semejante equipo de trabajo, integrado por miembros terrestres de grupos de contacto en pleno trabajo de interiorización y conexión con los demás y con el cosmos. Estos instructores surgidos del propio planeta deben prepararse para guiar mentalmente y espiritualmente a la humanidad en un futuro cercano, para lo cual se les permitirá poco a poco a través de viajes y experiencias diversas, acceder a los archivos de la historia planetaria.

Como ven, no es mera coincidencia numérica.

Sigan trabajando con fuerza y convicción. No desmayen en el esfuerzo de crecer en voluntad y en actitudes positivas. Con amor, Sampiac.

# El retorno del Maitreya

*E*n el desenvolvimiento de los grupos, ciertas épocas del año resultaban muy propicias para largos campamentos y salidas de contacto, como por ejemplo en el Perú: Semana Santa, Fiestas Patrias Peruanas, las vacaciones de agosto, Navidades, el Año Nuevo y alguno que otro puente festivo que nunca se desaprovechaba. Era infaltable entonces, que los grupos se organizaran y se coordinara con los guías —siempre condescendientes con nosotros—, para contar con su apoyo manifiesto en aquellas reuniones multitudinarias que podían llegar a congregar hasta setecientas personas procedentes de diversos grupos de Lima o de todo el país o del extranjero, en algún punto al norte o al sur de las extensas playas deshabitadas a la orilla del mar, o entre las quebradas desérticas al pie de los Andes; aunque las salidas pequeñas, con grupos reducidos y muchas veces familiares, resultaban mucho más sabrosas y productivas, por la intensidad de las experiencias y porque la sintonía y afinidad de los asistentes así lo permitía.

Habían pues, salidas propuestas por los guías en las comunicaciones y otras, que como las ya mencionadas eran solicitadas por nosotros, pidiendo el aval de su presencia en tal fecha y lugar; incrementándose —por su éxito en el intercambio de experiencias y conocimientos—, cada vez más estas últimas.

Durante una de estas salidas acordada previamente con los hermanos mayores para llevarla a cabo en una playa al norte de la ciudad de Lima, los guías anticiparon en los escuetos mensajes que se recibieron ni bien llegamos, durante la primera meditación y protección del lugar, que se darían en el transcurso de las horas, experiencias "Xendra" de traspaso de puertas interdimensionales. Por lo tanto, debíamos prepararnos. Y es que experimentar nuevas vivencias y acceder a conocimientos superiores, siempre es una gran responsabilidad. Y así lo asumimos, asistiendo muy sensibilizados por el perfecto ayuno de purificación que estábamos practicando dos días antes, consumiendo para ello sólo agua.

Desde muy temprano las naves hicieron su aparición en el cielo, pudiendo todos observar a baja altura, dos objetos luminosos de regular tamaño haciendo todo tipo de desplazamientos en el aire, como si con aquella danza de movimientos y colores buscasen hacernos entender o percibir algo muy profundo. Luego, del mar vimos salir lo que parecía ser una esfera acercándose a la orilla de la playa alumbrándonos a todos los allí reunidos, bamboleándose y marchando luego a gran velocidad. A continuación, otras dos simplemente aparecieron en el horizonte avanzando rápidamente hasta el mismo lugar, para luego elevarse y perderse raudamente. Finalmente hizo su aparición en el cielo, hacia el lado izquierdo de donde nos encontrábamos y en dirección a donde se observaba a cierta distancia una colina de mediana altura que llegaba a tocar el mar, una densa nube cilíndrica grisácea gigantesca cuyo comportamiento parecía el de un dirigible, así como por sus contornos bien definidos, que avanzó muy lentamente hasta colocarse sobre la colina, permaneciendo a continuación, estática por espacio de una hora sin registrar la mínima variación. Luego, debajo de ella se encendieron una gran cantidad de pequeñas lucesitas plateadas en línea, iluminándose intensamente el lugar. Fue en ese momento cuando me alejé de todos los allí reunidos y avancé por entre las colinas, hacia aquel sitio y pude comprobar una gran concentración de energía que aparentemente estaba formando un Xendra, el mismo que permitiría probablemente a quienes lo cruzacen, ser proyectados hacia una nave u a otro planeta. Luego llamé a algunos de los compañeros para que me acompañaran a ese sitio, para que ellos mismos atestiguaran de la presencia de aquella masa de energía que estaría permitiendo la apertura de aquel insólito umbral dimensional.

Contento por haber verificado por mí mismo y corroborado con otros la presencia de lo que los guías habían anunciado que se daría, regresamos al campamento y preparamos a la gente para que participara; pero tal como pedían los mensajes, sólo quienes tuviesen más de dos años en las reuniones, laborando su propia introspección podrían participar del traspaso del Xendra. Y así fue como ocurrió, multiplicándose las experiencias de los asistentes los cuales ingresaron solos o en grupos de a dos o tres, coincidiendo —al volver y comentar entre todos— lo que habían percibido al ser proyectados a lugares distantes y haber compartido directamente con los extraterrestres que nos visitan.

El cielo que había estado despejado y estrellado, poco a poco comenzó a nublarse como dándole intimidad al lugar, u ocultándonos de cualquier presencia no deseada.

Una vez terminó de salir el último participante y se retiró en dirección al campamento, mi esposa Marinita y yo —que habíamos supervisado el desenvolvimiento del contacto—, nos miramos el uno al otro, y a pesar de que en varias oportunidades ya habíamos cruzado el Xendra, nos animamos a ingresar en aquella ocasión también, por cuanto cada vez había sido diferente y siempre una experiencia enriquecedora.

Nos tomamos de las manos y con una sonrisa esbozada en su bello rostro —que una vez más me cautivó—, fuimos avanzando hacia esa intensa luz en arco que se abría delante de nosotros sintiéndonos de inmediato abrazados por un intenso calor. De pronto, una fuerza se hizo presente habiéndonos separados sin percatarnos en qué momento nuestras manos se soltaron. Atrás quedaron el frío, el viento y la ligera llovizna que es característica de la costa peruana.

En frente de mí había un ser muy alto con un traje suelto de color brillante, pero al principio no podía ver su rostro por cuanto todo alrededor era muy luminoso, pero sí sentía claramente que estaba allí para recibirme, invitándome a acompañarlo; y así lo hice, definiéndose poco a poco todo el panorama a mi alrededor.

Fui caminando lentamente por lo que parecía ser un largo pasillo hasta que aparecí en un lugar bastante amplio, con paredes poligonales como de vidrio, en diferentes planos que no permitían ver hacia el exterior. Al parecer me encontraba dentro de un edificio muy grande, de cristal, donde abundaban los colores amarillo brillante, blanco y azul celeste. Al irme integrando con el ambiente pude percibir gradualmente algunas de las características propias del ser que me guiaba. Se veía que era de sexo masculino y lucía una cabellera clara que le caía sobre los hombros, y su vibración era tan elevada que me hacía sentirme a su lado como levitando. Se dirigió entonces hacia mí, diciéndome que era un enviado de los Maestros y especialmente de Aquel que había alcanzado la Conciencia Crística aquí en la Tierra y que ahora se encuentra en el centro de este universo local esperando que llegue el tiempo de la Humanidad y del planeta para volver.

Le pregunté entonces:

—*¿Qué es realmente la Conciencia Crística?*

—Es saberse uno libre por el autoconocimiento y a la vez contemplarse como parte activa de la voluntad creadora de la unidad universal. La Conciencia Crística es haber llegado a la capacidad de entendimiento de que se ha venido para asumir un rol, una misión personal y colectiva; y además estar dispuesto a llevarla a cabo, poniéndose en las manos de las más altas jerarquías espirituales, dejándose guiar por ellas con humildad y fe. ¡Y todo ello por amor!

—*¿Si los hermanos mayores del cosmos lo tienen tan claro, por qué no lo aplican de inmediato en vez de cifrar sus expectativas sobre la humanidad de este planeta?*

—Ya les dijimos anteriormente que la Tierra es un proyecto cósmico, un lugar de aprendizaje colectivo para ustedes y para nosotros. Pero una cosa es entender las cosas y otra tener claro cómo aplicarlo o tener la capacidad para hacerlo. No sólo se requiere conocimiento con convicción y fortaleza interior como para asumirlo con hechos y actitudes, sino una buena dosis de espontaneidad, pureza y sencillez.

El amor de ser vivenciado en su real dimensión y magnitud, es capaz de conectar universos paralelos y proyectarlo a uno mismo a dimensiones superiores, transformándolo. Todos estamos motivados en esa dirección, que es la vía de la elevación y estamos dispuestos —por ello estamos aquí—, a dejarnos afectar por las consecuencias de vuestro proceso. Y pueden ser nuestros maestros porque ustedes tienen menos pasado de programaciones y estructuraciones, quedando un buen margen para la originalidad y la libertad de acción.

—*¿El Espíritu Crístico es lo mismo que decir Conciencia Crística?*

—El Espíritu Crístico es aquella entidad o ser que por su evolución personal llegó a un elevado nivel de avance y acepta volver para ayudar a otros a conocer su misión personal y colectiva, lo cual les permitirá a ellos también alcanzar la madurez de la "Conciencia Crística". Pero nadie puede hacer el trabajo de otros; se puede guiar pero no caminar por otros.

El Espíritu Crístico es aquel que llega a desarrollar la Conciencia Crística, que es un estado vibratorio que corresponde al plano espiritual; pero como en todo, hay niveles de responsabilidad y actuación dentro de lo que es la Misión Crística y del estado de Conciencia Crística.

—*¿El Espíritu Crístico se ha alcanzado o encarnado en otros planetas como la Tierra?*

—Sí, en varios planetas antes que en éste ha habido seres que han evolucionado hasta alcanzar un alto nivel de conciencia espiritual, pero aun cuando han vuelto para guiar a otros, no lo han hecho en las mismas condiciones dramáticas que en el proceso terrestre, donde podría sellarse una redención cósmica.

También en la Tierra se ha manifestado varias veces el Espíritu Crístico, a lo largo de diversas humanidades que se han venido sucediendo, siendo una de las últimas y entre las más contundentes manifestaciones del Espíritu Crístico la del Maestro de Galilea.

—*¡El Maestro Jesús, obviamente!... ¿Pero entonces son distintos seres los que llegan a ese estado?*

—¡Tú lo has dicho!... Todos pueden llegar a ese nivel de conciencia y actuación.

—*¿Esta información no enfrenta acaso a las otras religiones?*

—No, porque como ya dijimos: en su momento en muchas de ellas y a través de grandes seres, también se ha manifestado la Conciencia Crística. Porque no es la primera vez que se ha asumido generosa y desinteresadamente la responsabilidad de guiar a otros actuando como "maestros de la luz" ¡a riesgo de la propia vida!

La Conciencia Crística llega a manifestarse cuando la elevación del individuo es tal que su expansión de conciencia le permite trascender toda ambición personal, deseo o pasión, de tal manera que pudiendo romper consciente y voluntariamente el ciclo de encarnaciones, prefiere seguir y continuar guiando a otros, o simplemente decide regresar para ayudar.

La Conciencia Crística se manifiesta también cuando un ser eleva su vibración a tal punto, que despierta sus potencialidades, descubre su capacidad de actuar a través de sus siete cuerpos, y de sus planos y dimensiones de conciencia. Y siempre esa actuación es en función del servicio a los demás.

—*¿Pero cuál fue la diferencia de la actuación de Jesús y otras manifestaciones crísticas anteriores?*

—Jesús como también fue en el caso de Krishna, vino conscientemente para realizar una actuación compartida. Esto es, vino a prepararse para dejar fluir al lado de su ser, el Padre Creador. Pero la diferencia radica en que después de esa breve integración que duró tres años, Jesús se quedó sólo para cumplir su misión última y lo aceptó, culminándola exitosamente.

Es así que el nivel más alto de la Conciencia Crística se evidencia cuando el nivel de servicio es de total entrega, de tal manera que habiendo superado las limitaciones físico temporales, el ser es convocado a volver a los planos densos, desde la esfera de lo mental, para que se prepare a conectar con el universo espiritual mediante un puente vibratorio, que le permitía asumir la gran responsabilidad de canalizar en su momento al mundo material una presencia aun mucho más elevada, para que con dicho apoyo solidario pueda enfrentarse al ataque de las fuerzas negativas y a la vez, pueda guiar correctamente a los demás hacia un despertar de conciencia colectivo. Para esto, vuelve a encarnar como un servicio, aunque como dijimos ya había superado la rueda de encarnaciones y no necesitaba los vehículos densos.

La actuación Crística es la aceptación voluntaria de una grande y difícil misión como es volver a la corporeidad material para orientar las mentes y los corazones de cuantos pueden iniciar la reacción en cadena del despertar colectivo, arriesgándose en un enfrentamiento sin igual con los grandes poderes y fuerzas ultraterrestres y extraterrestres interesadas en boicotear el proyecto planetario.

Algunas de estas fuerzas y poderes se encuentran —como ya saben—, atrapadas en el planeta, ejerciendo su dominio a través de la confusión, el desorden y el caos. Lamentablemente son muchas las personas cuya debilidad de voluntad les hace fácil presa de los grandes manipuladores satánicos, de los que con el tiempo se hacen tributarios energéticos, convirtiéndose a su vez estas personas en otros peores manipuladores por cuanto sus carismas son sobreestimulados para subyugar a grandes masas extrayéndoles la energía. Estos esclavos psíquicos van accediendo poco a poco a puestos de poder y medios de información desde donde puedan encubrir sus tenebrosas intenciones actuando impunemente, y desde donde se les facilita mantener la ignorancia, la confusión y el desaliento de la población.

Pero volvamos al punto: cuando se llega a este estado de conciencia superior se está cerca de enlazar los universos, especialmente el material con el espiritual, para ello como ya dijimos, el voluntario da cabida para que una entidad muy elevada del universo siguiente (universo mental) coexista durante una etapa determinada del proceso apoyando solidariamente la misión del enviado, todo esto a manera de una transmigración.

—*¿Entonces ese Padre Creador que ustedes mencionan, no es el Dios que nosotros conocemos?*

—Ya hemos dicho que lo que nosotros sabemos es que hay un solo Dios con múltiples manifestaciones, y que cada uno lo percibe de acuerdo a su nivel de comprensión. Pero este universo material en el que vivimos, fue creado por un grupo de seres ultraterrestres, por encargo del Absoluto, de la Unidad, de Dios mismo en las esferas espirituales. Estos ultraterrestres creados directamente por Dios, son los padres creadores de todos nosotros, y uno de ellos es Miguel, el mismo que encarnó a través de los siete vehículos del real ser de Jesús, conviviendo en una unidad que duró los tres años de vida pública del Rabí de Galilea.

—*¿Es posible que a pesar de contar con el apoyo de dicha entidad superior, se sienta uno abrumado por el peso de la responsabilidad y quiera desistir?*

—Los grandes maestros siempre han sido un ejemplo de honestidad por lo que no se ha ocultado el que en más de una ocasión, pensaron en desistir y no lo negaron, por constituir aquello una de las más grandes de sus enseñanzas: "que no triunfa el que camina sino aquel que persevera hasta el final"...

—*¿Qué pasaría si uno llegado a ese nivel, y aun habiendo aceptado la responsabilidad, renunciara en el camino a la tarea? Pregunto porque reconozco la debilidad que nos asalta frente a las pruebas.*

—Las pruebas se dan a la medida de quien las enfrenta, y nadie sabe de lo que es capaz sino hasta que lo intenta.

La libertad es el don más preciado que existe en el universo material, y su justa administración garantiza el crecimiento interno. El respeto a las decisiones de cada uno y el asumir la consecuencia por los aciertos o desaciertos en ellas, constituye la dinámica de la evolución. Pero cuando uno llega al nivel de ser requerido en aquel rol tan trascendental, es que ha pasado por muchas pruebas que lo han fortalecido a lo largo de diversas encarnaciones, y las posibilidades de caer se reducen, aun cuando no desaparecen.

—*¡Pero se flaquea!* (Replicamos más de uno.)

—¡Claro que sí!... ¿Si no qué mérito tendría? Por ello, si alguien se quedara en el camino otro tomaría la posta. Todos son necesarios pero nadie indispensable para que se cumpla el Plan Cósmico, y no está determinado nada sólo sugerido; la última palabra la tiene la humanidad de cada uno.

—*De acuerdo a todo esto, ¿cómo podemos entender qué es el Espíritu Santo?*

—Es la manifestación de la unidad de Dios en el universo material. Es la fuerza y la energía del amor de la Conciencia Universal, colaborando e inspirando las mentes y los corazones, en la evolución de los seres en su proceso de regreso a las fuentes.

En poco tiempo más seréis llenados de esa energía como para tener el valor y la fuerza, para realizar audaces viajes hacia lugares ignotos donde conectarán con la Hermandad Blanca de los Retiros Interiores, que completarán vuestro aprendizaje y la enseñanza hoy trasmitida. ¡Vayan en paz!...

De un momento a otro aquel ser que me acompañaba hizo un largo silencio, y sentí que mi tiempo para estar allí estaba llegando a su fin, por lo que debía disponerme a regresar. Además, estaba inquieto por Marinita pensando cómo le estaría yendo a ella.

Ante una señal de mi acompañante me di la vuelta y volví por donde había venido, atravesando una luz muy intensa, al final de la cual me encontré nuevamente en el desierto y seguía siendo de noche. Simultáneamente Marinita también salió del interior del Xendra y ambos todavía nos sentíamos conmovidos por nuestras respectivas experiencias, y maravillados porque dentro de la luz no habíamos sentido ni frío, ni viento ni la lluvia ligera que cubría el ambiente.

Camino al campamento ella me contaba que se sintió proyectada como delante de un Consejo de personas, aunque no distinguió a nadie, sólo luz, y lo que sí recordaba era que a su alrededor se percibía un intenso aroma a flores y se escuchaba como el canto de muchos niños. También vagamente le venía a la memoria que le estaban como leyendo un libro, pero había olvidado su contenido y confiaba que más adelante los detalles volverían.

Mucho tiempo después la información se fue confirmando y completando, a través de los viajes a los que fuimos motivados para el contacto con la Hermandad Blanca de los Retiros Interiores y que se hicieron hacia Monte Shasta en California, Tell-El-Amarna en Egipto, la Ciudad Sagrada de Quañachoai en Paititi, Perú, y la cueva de los Tayos en Ecuador (ampliamente descritos en los libros: *Los Guías Extraterrestres, Contacto Interdimensional* y *El Umbral Secreto*).

Y si bien mucha información se repetía, sirvió para esclarecer aún más el panorama sobre un tema tan delicado, y que exigía máxima claridad. Así que esto fue lo que recibimos de la Hermandad Blanca:

—*¿Quién era Jesús?*

—Fue una persona de este planeta vuestro, que a través de múltiples encarnaciones alcanzó un alto nivel de evolución. Ya no necesitaba encarnar, sin embargo, por amor a la humanidad aceptó volver, como el "Maitreya" (el Buda de la Compasión) para compartir su iluminación y guiar a la humanidad hacia la paz y la verdadera felicidad a través del amor y del servicio.

Era muy importante que alguien de ese nivel viniese y le recordara a la humanidad, la gran expectactiva a nivel cósmico que pesa sobre este planeta. Por ello él vino una vez más, dejando atrás su lugar como "el Rey del Mundo o Gran Señor de Shamballa" (Espíritu guía del planeta), ya que habiendo alcanzado en vidas anteriores el estado del Buda, se encontraba espiritualmente dirigiendo a la Hermandad Blanca de la Tierra en el intramundo.

Jesús no era un extraterrestre... Más bien sería un "terrestre-extra", o sea ser humano extraordinario que progresó con gran esfuerzo a través de su diversas existencias en la Tierra, y las anteriores manifestaciones crísticas en el mundo no correspondieron al mismo espíritu planetario.

—*¿Por qué vino y en qué consistió su misión?*

—Ya se os ha dicho, pero vale la pena insistir hasta que lo entiendan en profundidad: Jesús vino a recordarles que la humanidad de este planeta ha sido seleccionada para seguir un proceso que le permita alcanzar en un tiempo diferente al del real tiempo del universo, no sólo los niveles de las civilizaciones más avanzadas, sino de ser posible, lograr superarlos y hallar en el camino, alternativas nuevas de evolución que permitan ayudar al avance colectivo cósmico.

La Tierra es un lugar en donde es posible conectar los universos entre sí y lograr el enlace definitivo con el universo espiritual, a través de una espiritualidad genuina, auténtica y original mediante el amor en su manifestación suprema a través del perdón. El ser humano tiene una potencialidad psíquica y espiritual que debe de ser despertada.

El Mesías llegó al nivel de no sólo aceptar volver, sino prepararse para sufrir en carne propia lo que es la purificación planetaria mediante pruebas muy duras a nivel material, moral, psíquico, espiritual, etc. Las pruebas de iniciación máxima a las que estuvo sujeto Jesús se canalizaron a través de la inconciencia, la incomprensión, el egoísmo, la ignorancia y la necedad de los demás seres humanos, que en resumen no es otra cosa que el miedo al cambio y la transformación. Pero sólo así se podía sacar a la humanidad del error y hacerles recordar su responsabilidad colectiva, mostrando como alternativa el ejemplo de comprensión y de amor sintetizados en el perdón, que llega a ser una fuerza tal que supera incluso la muerte física y da poder espiritual sobre la materia física.

Jesús tenía que conmover a otros iniciando una reacción en cadena de espiritualidad, motivándolos con su ejemplo y actitud a intentarlo también, trascendiendo los esquemas y prejuicios, los dogmas y todo aquello que resta libertad a la mente, el alma y el corazón humano. Además, la vida de Jesús fue una lección de sencilla y práctica espiritualidad, donde la enseñanza más profunda al hombre fue recordarle su lugar; aquel sitial que le ha sido asignado por las jerarquías en el Plan Cósmico. La Tierra se encontraba en aquel entonces en un tiempo desfasado del real tiempo del universo, por lo cual, la presencia de Jesús o también llamado el "Señor del

Tiempo" por su dominio y autoridad sobre la cuarta dimensión —producto de su gran avance espiritual—, permitió ir reconectando gradualmente los dos tiempos, asegurando con ello la continuidad del proceso.

—*¿Qué hubiese pasado si Jesús no hubiese venido?*

—El desenvolvimiento de los acontecimientos en la Tierra estaba complicándose cada vez más, escapando de cualquier control u orientación posible por parte nuestra y de las civilizaciones extraterrestres encargadas de ello, alejándose vuestro proceso temporal del curso del tiempo cósmico, e impidiéndose así las posibilidades de un reencuentro. Esto podría ocasionar una paradoja espacio-temporal que llevaría a la inmediata supresión del tiempo y proceso terrestre.

—*¿Nos hubieran destruido y habrían quedado las cosas como si nada hubiese pasado?*

—¡Sí, esa habría sido la alternativa a manejarse!... De allí que los planos espirituales solicitaran un voluntario para encarnar como misión a la humanidad, al plan y a la conexión cósmica, señalando el camino a seguirse. ¡Y ese fue el real ser de Jesús!

—*¿Quién era María, la que fue su madre?*

—Era un espíritu nuevo, condensado de lo más precioso del estanque cósmico. Una síntesis del espíritu planetario; alguien que por su elevada pureza y sencillez estuviese dispuesta humildemente a aceptar ser parte de los designios de lo Alto.

Recuerden que para que llegue el Cristo Cósmico a manifestarse en la dualidad del universo material, por los principios de polaridad y generación se requiere que intervengan complementariamente la parte femenina y la parte masculina, como canales facilitadores de la encarnación. María simbólica y efectivamente representó la parte femenina, incorporando en ella la energía y el espíritu planetario que se expresa en la naturaleza o como llamarían ustedes en la "Madre Tierra". Ella representó a la Tierra y Jesús al Cielo o al Cosmos, porque él se preparó durante una buena parte de su última existencia material para incorporar a lo largo de los tres años de vida pública a un ser de otra dimensión; una entidad exterior con quien coexistió durante la parte final de su vida misionera. Y luego, esta misma entidad lo dejó solo delante de la prueba en el momento de la cruz, para que sellara su misión por propio mérito.

El caso de María la Virgen es desde sus remotos antepasados y especialmente desde sus padres Joaquín y Ana, también el de una persona programada. Sus padres estériles eran personas de un alto grado de conciencia y espiritualidad, que se comprometieron a crear las condiciones como para que viniera a través de ellos un ser especial que pudiera servir para un plan mayor.

Tras la resurrección de Cristo, María fue el elemento cohesionador de toda la comunidad cristiana, y al morir fue elevada a dimensiones superiores, encarnando en otros planetas y volviendo en los últimos siglos en naves interdimensionales de la confederación para guiar el despertar colectivo. Aunque lamentablemente muchos de estos mensajes son malentendidos o manipulados convenientemente según oscuros intereses.

—*¿Y qué es el Cristo Cósmico?*

—Ya lo mencionamos antes: para que la presencia de una persona evolucionada que acepta volver para guiar a otros, cumpla con el objetivo trascendente y universal de una misión planificada en las altas esferas espirituales hacia la reconexión de tiempos diferentes y universos paralelos, como son el material y el espiritual a través del mental, debe contar con el apoyo de alguien que en el camino le pueda dar una mano, en éste caso: brindarle un mayor entendimiento, consuelo y fortaleza.

El Cristo Cósmico señala a aquella entidad del universo mental que asumiendo su parte en el plan, convivió los tres años de vida pública de Jesús con él y en él. Aquel que conocen hoy como el Arcángel Miguel, un ser Ultraterrestre de la categoría de los llamados Hijos de Dios o Resplandecientes Padres Creadores de universos, que no son Dios sino una manifestación de El, como lo pueden ser ustedes.

Y lo de la intervención tuvo que ser así, por las responsabilidades ultraterrestres que existían para con respecto al duro y complicado proceso terrestre.

—*Hoy sabemos que ha habido errores en el calendario, y que Jesús habría nacido siete años antes de la fecha asignada, y no precisamente un 25 de diciembre, ¿tiene eso alguna importancia o es meramente referencial?*

—Hay muchos detalles que tienen su importancia para comprender la verdad de los hechos y su significado profundo. Para empezar, José el esposo de María cuando se desposó con ella era anciano y viudo, y tenía varios hijos, algunos de ellos mayores de edad que María. El pertenecía a una tercera orden de los esenios que la constituían los matrimonios, por lo cual tenía una formación religiosa muy profunda, y aceptó —a pesar de las críticas del movimiento esenio a los sacerdotes del templo—, la solicitud y las recomendaciones de éstos como para que desposara a María bajo condiciones distintas a las usuales. Ella era desde niña, una virgen ofrecida y dedicada al templo, por lo que en su caso jamás tendría relaciones sexuales con algún hombre. Pero ya en el templo, una serie de sucesos paranormales, así como presencias angélicas llevaron a los sacerdotes a percibir que aquella niña había venido con una misión especial, por lo que su matrimonio sólo sería en apariencia, y que debía darse para protegerla hasta que se aclarara para lo que estaba designada.

Por la vía astral o de los sueños, José hombre justo y sabio, fue advertido de que el embarazo de María era algo programado de lo más Alto, por lo que su parte en el Plan era darle cobijo, orientación y ayuda. Sólo así se podría dar cumplimiento a aquello que estaba previsto. Entonces más que un matrimonio fue una suerte de adopción.

Como todos los sueños son viajes astrales pero no todos los viajes astrales son sueños, son estos últimos, una forma sencilla, útil y muy práctica de trasmitir información y conocimiento. Además, el viaje astral es la prolongación del proceso de aprendizaje diario. En el astral pasan la tercera parte de su vida material.

—*¿Cómo se produjo el embarazo de María y quién fue el proveedor de la parte masculina?*

—Una inseminación artificial a distancia suena muy duro y quizás ofensivo, pero es algo sencillo cuando se dispone de la tecnología como para una trasmisión electromagnética. Y reiterando su naturaleza muy humana, el semen utilizado correspondía a un banco de esperma que contenía los aportes de los más importantes representantes de la historia bíblica: Abraham, Isaac, Jacob, Moisés, etc. De entre todos ellos se seleccionó uno adecuado, porque tenía que ser un cuerpo muy especial que resistiera esa entidad y energía que a través de él debía actuar.

Volviendo al significado del nacimiento y su ubicación en su espacio-tiempo, les diremos que como nada es dejado al azar: si ustedes se fijan y suman siete años a vuestro actual calendario verificarán que ya entraron en el tercer milenio... Y esto lo podrían interpretar como que ya llegó el momento como para que se produzca el gran cambio en vuestras vidas a nivel planetario.

*—¿Tiene que ver esto con aquello que dicen las Sagradas Escrituras: "...para Dios un día son como mil años, y mil años como un día" (2 Pedro: 3,8)?*

—Precisamente, porque si Jesús resucitó al tercer día, lo que se espera simbólicamente que ocurra ahora que han entrado en el tercer milenio o tercer día de la humanidad, es que se produzca la resurrección colectiva del amor y la conciencia humana hacia la unidad, la justicia y la paz.

Y Jesús nació un 19 de marzo, siete años antes de la actual era cristiana bajo el signo de Piscis, porque era maestro bajo el signo de Piscis, en una época en que el maestro compartía directamente con sus discípulos de la enseñanza esencial. Ahora en pleno Acuario, el conocimiento es facilitado a sinceros buscadores que están dispuestos a entrar en contacto con su propio maestro interno o real ser, para que cada uno halle dentro de sí lo esencial.

*—¿Cómo fue el nacimiento de Jesús?*

—En una gruta cerca de Belén, donde hubieron de refugiarse porque a María le sobrevinieron los dolores del parto antes de llegar a la aldea. Allí una nave de la Confederación hizo su aparición descendiendo envuelta en una luminosa nubosidad, de la que se desprendió un haz de luz que tocó tierra, y del interior salieron unos seres de la sexta dimensión quienes a niveles energéticos y con sumo respeto rodearon a la Virgen María, que se hallaba acostada sobre un manto de tela colocado sobre la paja en el suelo de la cueva, y extendiendo sus manos hacia adelante efectuaron una cesárea cósmica, de tal manera que la madre María continuó siendo virgen después del nacimiento del Cristo. Cuando ya tuvieron entre sus manos a Jesús, después de haber cortado el cordón umbilical y haber cerrado la herida del vientre con energía sin dejar cicatriz alguna, rindieron homenaje a aquel que teniendo el mismo nivel que ellos podría llegar a superarlos.

Recién a los dos años de haber nacido, y habiéndose establecido temporariamente la familia en Belén, llegaron los que ustedes conocen como los Reyes Magos, guiados por la misma nave de la Confederación que anunció su nacimiento a los pastores. Ellos eran algo más que astrólogos, magos y maestros de Caldea y Persia, ellos pertenecían a órdenes secretas conectadas con la Hermandad Blanca de los Retiros Interiores. Por lo que vinieron trayendo no sólo regalos que servirían a la familia para establecerse durante una larga temporada en Egipto, específicamente en Alejandría, con los esenios locales llamados "terapeutas", sino que también trajeron algunos objetos que le habrían pertenecido a Jesús en una vida anterior en la India, para ver si el niño los reconocía y así, asegurarse de que él era el que se esperaba que viniera: "El Mesías de Israel". Y el niño no sólo coincidía con las señales y profecías, sino que pasó las pruebas ampliamente. Por lo que supieron que él era el que debía venir y así lo informaron a la Gran Hermandad Blanca de regreso a los retiros en Asia Central.

La familia permaneció en Egipto hasta después de la muerte de Herodes, cuando Jesús tenía cuatro años de edad. De allí regresaron hacia Israel, viviendo temporalmente al lado del monasterio esenio de Qúmran y recibiendo así la familia, y especialmente el niño, una educación y orientación especial basada en la búsqueda de la verdadera pureza, la perfección y la bondad. Posteriormente se instalaron de forma definitiva en lo que hoy conocen como Nazareth, donde existía una pequeña aldea de familias esenias que tenía talleres y atendían con sus servicios profesionales a otros pueblos y aldeas cercanas; entre estos talleres estaba el de carpintería y ebanistería de José. Allí Jesús trabajaba al lado de sus hermanastros, y desde ese lugar realizó algunos de sus viajes de preparación recordando iniciaciones pasadas. Desde los 17 años Jesús alternó temporadas de trabajo en la carpintería, con esporádicas convivencias con los esenios, algunos viajes con caravanas a Mesopotamia, Persia, Agfanistán, El Himalaya y la India. Durante ese tiempo tuvo repetidos contactos y encuentros cercanos físicos con los Vigilantes y Guardianes extraterrestres, la Hermandad Blanca de los Retiros Interiores, maestros de diversas religiones y escuelas, pueblos exóticos y realidades crueles y duras, e innumerables experiencias a niveles astrales y espirituales.

—*¿En qué momento se produjo la incorporación del Hijo de Dios en el Hijo del Hombre?*

—No fue ni antes del bautizo ni en el bautizo, sino que fue gradualmente después, cuando empezó a reunir a los discípulos.

—*¿Fue Jesús el Maestro de Justicia de los Esenios?*

—No, porque cuando oficializa su condición de esenio en el momento del bautizo de Juan (otro de los esenios famosos), inicia su conocida vida pública entregado a todos.

—*¿Qué significó en Jesús la incorporación de la entidad del universo mental?*

—El hijo del hombre brindó sus siete cuerpos para que en un octavo superior, el ser ultraterrestre procedente de la octava dimensión en adelante contribuyera a marcar el camino de la humanidad. Además para Jesús, por muy espiritual y evolucionado que era, naturalmente le resultaba difícil convivir con el conocimiento de la trama final de su existencia, por lo que esa entidad superior lo apoyó para que pudiera vivir con ese conocimiento y así poder enfrentarlo.

Antes, durante su etapa de preparación, Jesús tenía una idea de lo que sería su proceso, pero al iniciar su vida pública, llegó el conocimiento exacto y al detalle de cuanto le iba a acontecer. Era como una visión tenebrosa que producía una carga angustiosa excesivamente pesada. De allí la solidaridad manifestada en aquella presencia superior que también requería sentir esta dimensión y todo cuanto aquí se ha gestado. Además recuerden que lo bueno y lo malo han procedido de los mismos Padres Creadores, que por haberse acercado mucho a su creación hoy se encuentran divididos y enfrentados.

—*Hay quienes piensan que Moisés es una de las vidas anteriores de Jesús, ¿es eso cierto?*

—¡No!... Recuerden la transfiguración de Jesús en el monte Tabor. Allí se hizo presente una de las naves de la Confederación de Mundos de la Galaxia y en ese preciso instante, bajo un potente haz de luz apareció Moisés al lado de Jesús, y también Elías, encarnación pasada de Juan Bautista que por la ley de Causa Efecto (mencionada en la Biblia como la ley del Talión), murió degollado así como anteriormente Elías había degollado con la ayuda del pueblo de Israel a los sacerdotes de Baal (1 Reyes: 18,40).

Aún no es tiempo que conozcan al detalle las vidas anteriores de Jesús, pero sí les podemos decir que algunas de éstas se remontan a Sumeria y a imperios antiguos de la India.

*—Nos podrían explicar ¿por qué tenía que sufrir y morir de esa manera Jesús?*

—Primero porque la humanidad debe conmoverse frente a la injusticia, aprendiendo a ser solidario; y segundo porque se ve allí el cumplimiento de las leyes universales, que muestran que "a toda fuerza se le opone otra contraria de igual intensidad"...Y que muchas veces se puede medir el valor y la importancia de lo que se hace en función del rechazo y la contradicción que produce.

Si lo que Jesús enseñó con la palabra y el ejemplo no hubiese sido tan fuerte, no habría generado tan violenta oposición. Esto lo pueden verificar en la vida de personas como Gandhi, Kennedy, Luther King, etc. Verdaderos apóstoles de la paz y que sin embargo tuvieron muerte violenta; y es que ellos no merecían una muerte natural, sino un desenlace heroico, lo cual los hace ser en la actualidad un punto de orientación de confianza en la potencialidad humana; un faro en la oscuridad y un ejemplo digno a seguir.

*—¿En qué momento se separó el Hijo de Dios del Hijo del Hombre, o permanecieron juntos hasta la resurrección?*

—Jesús pudo soportar la inmisericorde flagelación así como toda la angustia, el desaliento y el miedo previos, por cuanto no estaba solo, pero no por ello dejaba de sentir o sufrir, o es menos meritorio su sacrificio. Pero el Hijo de Dios sí dejó al Hijo del Hombre, separándose de él en el momento de la cruz. Es durante la agonía en la crucifixión que Jesús expresó su inquietud porque se sintió solo y abandonado después de haberse dado semejante convivencia con la presencia superior, y es en ese momento cuando el Hijo de Dios se retira del Hijo del Hombre para que el ser material pueda morir y él mismo, procure con gran esfuerzo y supremo mérito sellar su gran triunfo espiritual alcanzando la séptima dimensión de la conciencia, que es la conciencia de la esencia en un acto de amor de inimaginable repercusión cósmica.

Pero Jesús no alcanzó aquel nivel de séptima dimensión que empezó a enlazar el universo material con el espiritual sólo por el hecho de morir en la cruz, ya que dicho suplicio y las injusticias eran cosa de todos los días en el imperio romano, sino que lo que abrió la puerta y estableció el puente, fue que siendo víctima injusta de los miedos y temores, cuando pudo haber maldecido a sus captores o a quienes lo abandonaron y traicionaron, Jesús aprovechó e intercedió el perdón por todos ellos en un trascendental y definitivo acto de amor. Este triunfo sobrehumano le dio tal fortaleza espiritual, que posteriormente a ello, vivió una resurrección física y la posterior elevación en nuestras naves hacia el centro del grupo local de galaxias. Allí fuera de vuestro tiempo, pero representándolo, conectó con el real tiempo del universo. Y al enlazar ambos tiempos, el Hijo del Hombre se encuentra en una dimensión superior a la que los demás habitantes del universo material —por muy evolucionados que sean—, no han llegado; por lo que ahora son muchos los planetas que están acercándose a la Tierra e interviniendo en vuestro tiempo para aprovechar las condiciones que se han establecido, de dar allí saltos dimensionales a través de profundas experiencias espirituales que surgen del contacto mutuo entre ustedes y los extraterrestres.

Jesús predicó la doctrina del amor durante tres años y llevó su mensaje hasta las últimas consecuencias, transformando su martirio en un triunfo espiritual de insospechadas consecuencias para la humanidad. Así, el Maestro marcó el camino y ahora es responsabilidad de todos ustedes y de todos nosotros, encontrar la vía para aplicarlo en nuestras relaciones y en lo cotidiano de nuestra propia existencia.

*—Hay quienes dicen que Jesús no resucitó sino que todo ello es una invención posterior. ¿Ustedes qué dicen al respecto?*

—Fue el real ser de Jesús el que resucitó y ¡sí que lo hizo!... Es más, hoy existe a disposición de los científicos una prueba contundente de su resurrección que ustedes conocen como el "Santo Sudario de Turín". Y que fue dejado a propósito hace dos mil años a sabiendas de que algún día la gente perdería la fe, y sólo creería en aquello que se puede reproducir en un laboratorio.

Muchos científicos han reconocido que el Sudario no tiene explicación científica y que es irrepetible.

*—¿Pero hay científicos que han puesto en duda la veracidad del Sudario?*

—¿No hay acaso científicos que dudan de la existencia de Dios como causa primera cuando es más que obvio? Hoy por hoy hay quienes se dicen inteligentes, sensatos, pragmáticos y científicos y acaso no dudan de la existencia de vida fuera de la Tierra... Por lo que no les debe extrañar que se ponga en tela de juicio ciertas cosas por conveniencias particulares de posiciones, creencias o intereses diversos, aun cuando todas las investigaciones a vuestro alcance confirman la realidad o perplejidad de la ciencia oficial.

*—¿Pero qué interés podría haber en negar su realidad?*

—El Santo Sudario significa no sólo que sí es posible el triunfo del amor sobre el último enemigo que es la muerte, sino que demuestra la realidad de la existencia de Jesús, así como el poder que alcanzó y que todo ser humano puede llegar a desarrollar a través de la fe y de la verdadera espiritualidad. Además esta imagen poderosa de un ser que proclamaba la paz y la justicia con su ejemplo de sencillez y desapego, no es conveniente para muchos que en la actualidad se dicen su representante y son la contradicción total de su enseñanza.

—*Se ha llegado a decir que Jesús no murió en la cruz sino que huyó hacia Cachemira y allí murió de anciano. ¿Qué nos pueden decir al respecto?*

—Inmediatamente los miembros del sanedrín se enteraron de lo que vieron los soldados romanos en la tumba, se apuraron en buscar un "sosias", un impostor; alguien que se pareciera lo más posible a Jesús entre los cientos de miles de peregrinos llegados a Jerusalén por la Pascua; y después de convencerlo con una importante suma de dinero, fue enviado en una caravana fuera de Israel, lo más lejos posible, diciendo en el camino que era Jesús y que lo habían querido matar pero él se había logrado escabullir. Este impostor terminó en un lugar que era un enclave caravanero y sede de una comunidad judía, Srinagar, Cachemira. Allí vivió y murió, cometiendo un pequeñísimo pero importante error de imagen del personaje que estaba suplantando, como fue: casarse... Jesús había hecho los votos del nasireato que significaban el celibato. Y es que conociendo el proceso que seguiría su misión en la Tierra, hubiese sido una irresponsabilidad haberse hecho de esos vínculos.

—*¿Qué pasó después de que Jesús resucitó?*

—Ya les hemos dicho que cuando una persona muere, fallece su cuerpo físico y al cabo de tres días, que es lo normal, también se muere el astral y el mental superior. De tal manera que el cuerpo de las emociones y la personalidad y el carácter mueren con uno, por lo que no es de extrañar que al haber resucitado Jesús, ya no fuese aquel que conocieron como tal, sino fuese su real ser, el acopio de todas sus vidas pasadas el que se manifestó. Por ello les habría costado reconocerlo a María de Magdala, así como a los discípulos camino a Emaús.

El Maestro convivió con sus apóstoles cuarenta días más, como una purificación y cuarentena frente a lo que sería su misión hacia el mundo, distribuyendo roles y responsabilidades. A Juan, el llamado discípulo amado, por ser el más joven y en cierta manera el hijo espiritual de Jesús, lo dejó encargado de la Hermandad Blanca de la Tierra, y fue el único que no tuvo muerte violenta, reencarnándose una y otra vez en el planeta. Los demás han venido reencarnando, en otros planetas, por lo que no les debe extrañar que alguno de los que fueron apóstoles en el pasado de Jesús puedan estar llegando con los grupos de contacto extraterrestres.

—*¿Y Jesús va a volver? ¿Cuándo ocurrirá ello?*

—El que va a volver es el Hijo del Hombre que llegó a su cristificación y por mérito propio, se consagró como un Hijo de Dios.

Su retorno está muy próximo y dependerá de ustedes las condiciones en que se producirá dicha vuelta. Ciertamente está en vuestras manos. Dependerá de lo que la humanidad haga para bien o para mal el que este retorno pueda sellar la cristificación colectiva, con el salto cuantitativo y cualitativo hacia la cuarta dimensión; o quizá pueda significar la evaluación del fracaso colectivo. Pero eso sí, nadie va a castigar a nadie. No es cierto que se acerca un castigo para la humanidad, por cuanto cada uno recogerá lo que ha sembrado en sus existencias. Y el retorno significará el fin de un ciclo planetario y el inicio de otro.

—*¿En las Sagradas Escrituras se puede hallar historias que simbolizan el proceso al que está sujeto la humanidad de este planeta?*

—Claro que sí, tienen ustedes el caso de la historia de Job y por otro lado la historia de José hijo de Jacob. En la historia de Job, este personaje representa simbólicamente a la humanidad de la Tierra en la que el Creador se place, precisamente por su fe y espiritualidad; mientras que por el otro lado, aparece el ángel acechador que representa a los ángeles caídos, hermanos mayores de otros planetas. Este ángel se presenta celoso y envidioso de la condición alcanzada por el hombre, y hasta temeroso de su potencialidad así como del nivel de aprecio que disfruta, por lo que procura por todos los medios como son la insidia e intriga, desestabilizarlo, sometiéndolo a una presión tal que lo lleve a fracasar obligándolo a renegar de su amor y confianza en el Todopoderoso.

Dios sabe lo que hay en el corazón de los hombres, por lo cual El no tenía por qué poner a prueba a Job, más bien, si permite la prueba no es parar probarlo a Job sino al ángel acechador, que al final termina siendo humillado y aprendiendo del hombre que recupera lo perdido.

En la historia de José, hijo de Jacob, éste representa a la humanidad de la Tierra que ha sido seleccionado para recuperar un orden moral y ético perdido. La Tierra es un planeta nuevo en comparación al proceso seguido por el resto del universo, y la humanidad de este planeta tiene la potencialidad de encumbrarse espiritualmente por encima de las demás civilizaciones más adelantadas. De allí la analogía con José, que si bien es el último de los hijos (todavía no había nacido Benjamín), era el vástago en la mujer amada, que hasta hacía poco había sido estéril. Goza por tanto de un amor especial del padre y de la envidia de sus hermanos mayores, más aún cuando sus capacidades y percepciones, así como la imagen de sus sueños lo situaban por encima del resto. Esto hace que planearan acabar con él, llevándoles la conspiración hasta el punto de venderlo a unos mercaderes que a su vez lo negociaron como esclavo en Egipto, importante lugar dentro del programa terrestre.

La enseñanza que nos trae la historia de José es que cuanto más trataron de evitar que se cumpliera su destino libremente asumido, tanto más lo acercaron a su cumplimiento. Y lo que le dio un contenido trascendente y espiritual a su vida fue aquel majestuoso acto de amor, como fue el perdón a sus hermanos, y la comprensión del plan divino, mediante el cual su sufrimiento había servido para que pudiese salvar a Egipto y a su familia del hambre.

—*En el Apocalipsis se habla que al final de los tiempos habrá una batalla final contra la oscuridad. ¿Está próxima esta guerra? ¿Cómo será el fin del mundo? Mucha gente en la actualidad está soñando con guerras cósmicas y hasta con grandes cataclismos. ¿Todo esto supone que ocurrirá tal cual?*

—Ya lo dijimos y lo habremos de repetir una y otra vez: el mundo no se va a acabar sino que va a transformarse, pero a partir del esfuerzo individual de cada uno de ustedes. El sistema tal como lo conocen, eso sí va a terminar, al igual que las grandes organizaciones religiosas, porque es bueno que todo cuanto divide y separa desaparezca, y más bien se llegue a la convivencia fraterna en lo esencial, a la unidad en la diversidad.

Las profecías no han sido dadas para que se cumplan sino para que no se cumplan. El futuro es anunciado para ser modificado, actuando dichas profecías como una advertencia de cuánto podría ocurrir si no ponen énfasis al cambio personal y colectivo.

Si el destino fuese algo prefijado e inamovible, ¿dónde estaría el amor de Dios y lo más sagrado que nos ha dado como es la libertad, el libre albedrío? Todo sería una terrible manipulación de una entidad sádica, deseosa de ver sufrir sin sentido a sus criaturas.

Y en cuanto a la guerra o batalla final, debe de ser librada primero dentro de cada uno, así cuando lleguen a vencerse a ustedes mismos, lo más probable será que las sombras de la guerra en el mundo se habrán desvanecido, y por qué no también en el universo.

Vuestros sueños y visiones son ciertos pero obedecen a simbolismos que representan la verdadera batalla que ya se está librando en vuestra mente y en vuestro interior a niveles espirituales, por ello fortalézcanse internamente sintiendo y dando amor.

# Los guerreros de la luz

A manera de conclusión y como nuestro aporte reflexivo al tema, podemos afirmar que sobre la base de todo lo expuesto, extraído de las comunicaciones y los encuentros y al ejemplo del Cristo, lo que se espera de la humanidad es que llegue a ser capaz de aceptar la iniciación más secreta y elevada en el camino espiritual, como es la muerte mística, muriendo voluntaria y conscientemente a los deseos y apegos, procurando el bien común, dispuestos a amar intensamente y hasta las últimas consecuencias. Y que también se produzca la resurrección colectiva de la conciencia, que hasta ahora ha venido durmiendo en un sueño de muerte.

Ha llegado el día en que gracias a la labor de muchos guerreros de la luz se está accediendo a un conocimiento profundo, que estuvo guardado para ser entregado en su momento oportuno a quienes estuviesen dispuestos a ver más allá de sus ojos a riesgo de la confrontación que supondría con sus creencias. Es éste el momento de madurez y decisión como para que seamos capaces todos de amar intensamente y perdonar a aquellos seres cósmicos que han boicoteado nuestra evolución sobre la Tierra; aquellos hermanos mayores que tuvieron temor de nosotros y nos hicieron la vida imposible, así como a todos sus débiles y equivocados colaboradores. Pero no será viable un perdón cósmico, si antes no estamos dispuestos a perdonarnos a nosotros mismos y aceptarnos tal como somos, porque sólo así podremos aceptar y perdonar a los demás que nos rodean. Y es que el resentimiento y el rencor, como el sentimiento de culpa y la frustración, están envenenando la vida de las personas, fabricándonos enfermedades de origen vibratorio que están acabando con nuestras existencias.

Y debemos entender que amar a los demás aceptándolos tal como son no significa alcahuetería a sus errores, simplemente supone empezar por no tratar de cambiar a nadie y más bien, cambiar uno en las pequeñas cosas, fortaleciéndonos para más adelante enfrentar los retos mayores.

Tenemos entonces claro por dónde debemos empezar para dar cumplimiento al Plan Cósmico, y esto a través de nuestra personal y diaria actitud mental, y a nuestra disposición a perdonarnos y perdonar para corregir. Porque perdonar no significa dar carta blanca para que se nos siga ofendiendo o perjudicando, es simplemente no dejar que el daño o las malas intenciones envenenen nuestras vidas, o impidan que sigamos viendo la vida con esperanza y alegría. Recordemos siempre que es el desaliento y pesimismo lo que se busca sembrar en nosotros, para que perdamos la fuerza que da la voluntad y el optimismo para alcanzar nuestra realización.

Es cierto que en la actualidad el panorama mundial se nos presenta oscuro y desalentador, pero también nunca antes como ahora se puede avizorar un horizonte de esperanza con los grandes cambios mundiales que se han venido produciendo a una velocidad vertiginosa, gracias a la gran cantidad de personas que en el mundo están trabajando para que las cosas cambien; además, día a día son más las personas que van recuperando la fe en el amor y en las prácticas espirituales de la oración y la meditación, que están sintonizando a muchos para lograr un solo gran objetivo: el gran cambio positivo que revierta el futuro negativo ampliamente profetizado.

Las profecías de los indios Hopi y Pueblo habla de la importancia de reunir a ciento cuarenta y cuatro mil danzantes del sol, guerreros de la luz, para que se mantengan danzando en torno al fuego sagrado durante la terrible noche oscura que está padeciendo la humanidad, para asegurar así la continuidad de la luz y un nuevo amanecer. Esta profecía habla de todos nosotros; de todos aquellos que conscientemente nos sentimos identificados con la misión de mantenernos despiertos de este largo sueño que aún mantiene inconsciente a la mayoría, para que haya un próximo despertar colectivo y que en la batalla final contra las tinieblas nos encuentre fortalecidos en la fe, el amor y el entendimiento. El nuevo día sólo será posible si nos mantenemos velando en nuestro interior con constancia y perseverancia, por cuanto son muchas las personas en el mundo que están buscando afanosamente y laboran en la espiritualidad, pero la falta de consecuencia y continuidad con la enseñanza merman la voluntad restándole fuerza a todo cuanto se está haciendo.

Es cierto que no se necesitan muchos para que el mundo cambie, pero lo que sí es necesario es que los que sean, lo sean todo el tiempo: ¡Guerreros de la luz!...

# Indice

## "Un libro clave de Sixto Paz Wells"

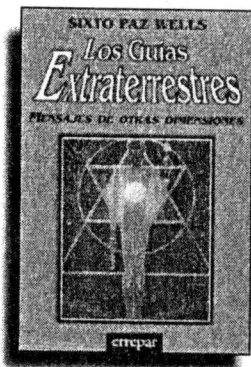

### LOS GUIAS EXTRATERRESTRES
#### Mensajes de otras dimensiones

En los últimos años, las experiencias de presencias extraterrestres se han acrecentado en número e intensidad, así como el conocimiento profundo de esas realidades. Sus enseñanzas, orientaciones y guías, así como los sistemas de conexión que están llegando desde el Cosmos, establecen puentes de luz y esperanza entre esos Hermanos Mayores y la humanidad. *Los Guías Extraterrestres*, además de ofrecer un apasionante testimonio de ellos, aportar pruebas y revelar verdades universales de fundamental importancia para nuestro futuro, revela a Sixto Paz Wells como un estudioso serio y profundo, uno de los pocos seres humanos que ha podido dar evidencia auténtica de los mensajes recibidos de seres que habitan otros planetas y otras dimensiones.

464 páginas
ISBN: 950-739-372-2
Código Interno: 846

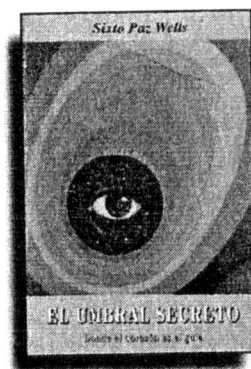

## La espiritualidad andina en los libros de Antón Ponce de León

### Y... EL ANCIANO HABLO

Hasta que el autor, nativo del legendario Cuzco, no revelara los detalles de su misteriosa iniciación y la sabiduría que recibió de sus maestros, poco se sabía de la hermética tradición de las primeras dinastías incas. El anciano comparte enseñanzas vigentes, ocultas en las selvas andinas, que aún hoy se transmiten de maestro a alumno.

112 páginas
ISBN: 950-739-025-5
Código Interno: 536

### EN BUSCA DEL ANCIANO

Continuación de *Y... el anciano habló*, este libro se adentra en el universo del conocimiento andino, cuidadosamente preservado durante más de 500 años y, a través de narraciones sencillas, nos trae a la luz sus enseñanzas. Su mensaje es cada día más vigente.

144 páginas
ISBN: 950-739-328-5
Código Interno: 817

# Libros de la Comunidad de Findhorn

## EL REINO INTERIOR
### de Alex Walker

La mera mención de los principales autores reunidos en este libro es impresionante: Eileen y Peter Caddy, Peter Russel, David Spangler, Dorothy MacLean, entre otros fundadores y pioneros de Findhorn, escriben sobre las vicisitudes de la fundación de la comunidad y cómo realizaron los trabajos en el plano concreto sin perder de vista el sentido espiritual.

496 páginas
ISBN: 950-739-414-1
Código Interno: 868

## EN EL MOMENTO OPORTUNO
### de Peter Caddy

En estas apasionantes memorias del cofundador de Findhorn se revela cómo Peter llevaba a la práctica lo que Dios le transmitía a su mujer y cómo transformó un alicaído hotel de Escocia en uno de los Centros de Luz más influyentes de Occidente.

592 páginas
ISBN: 950-739-522-9
Código Interno: 950

# Libros de Dorothy Maclean

## COMUNICACION CON LOS ANGELES Y LOS DEVAS

"Cuando una sonrisa toca nuestro corazón, cuando un bosque nos apacigua, cuando la música nos lleva al arrobamiento, cuando realmente amamos, o reímos, o bailamos con alegría, somos uno con los ángeles."
Dorothy sintió innumerables veces el tironeo de esa unidad desde que cofundó Findhorn; este libro da cuenta de ese contacto cercano.

256 páginas
ISBN: 950-739-069-3
Código Interno: 651

## HONRAR LA TIERRA

Más de 50 fotografías artísticas tomadas en la naturaleza, acompañadas de reflexiones y mensajes recibidos por la autora.
Una verdadera joya bibliográfica.

112 páginas
ISBN: 950-739-493-1
Código Interno: 936
Edición de lujo

# Libros de Metafísica

## EL RETORNO DE FENIX
### de Kristina Gale-Kumar

576 páginas
ISBN: 950-739-292-0
Código Interno: 792

## LAS ESCRITURAS SE HAN CUMPLIDO
### de Kristina Gale-Kumar

384 páginas
ISBN: 950-739-321-8
Código Interno: 820

## HORIZONTES DEL ESPIRITU
### de Cesare de Bartolomei

208 páginas
ISBN: 950-739-527-X
Código Interno: 953

## MANUAL DEL HUMANO GALACTICO
### de Sheldon Nidle y José Argüelles

176 páginas
ISBN: 950-739-558-X
Código Interno: 969

Esta edición se terminó de imprimir
en los talleres de Errepar
en Buenos Aires, República Argentina,
en el mes de junio de 2000